FACULTÉ DE DROIT

THÈSE POUR LE DOCTORAT

DE LA SÉPARATION

DES

PATRIMOINES

Cette Thèse sera soutenue le Mercredi 13 août 1873

A SEPT HEURES DU MATIN

Par M. Armand GUILLONNET

Avocat à la Cour d'Appel.

SUFFRAGANTS :

MM. BODIN, doyen; HUE, EON, DURAND, professeurs; DE CAQUERAY, agrégé, chargé de Cours.

A MA GRAND'MÈRE

A MON ONCLE LÉON DURET

Conseiller à la Cour de Rennes

A MON PÈRE — A MA MÈRE

A MA FAMILLE

A MES AMIS

DE LA SÉPARATION DES PATRIMOINES

Introduction

La dévolution des biens d'une personne morte à ses enfants ou à ses autres successibles est un de ces principes que la justice et la raison proclament, et que la loi positive, d'accord avec elles, a sanctionné dans toutes les législations. Sa légitimité est tellement évidente, et s'impose avec tant de force, qu'il est superflu de justifier longuement ici les bases sur lesquelles repose ce principe. « En instituant la propriété personnelle, la société avait donné à l'homme le seul stimulant qui pût l'exciter à travailler. Il lui restait une chose à faire, c'était de rendre ce stimulant infini, c'est ce qu'elle a voulu en instituant la propriété héréditaire. » (1)

Par suite de la dévolution des biens du *de cujus* à son héritier, ces biens viendront se confondre avec ceux de l'héritier pour ne former désormais qu'un seul patrimoine. Les meubles et les immeubles, les créances et les dettes de la personne décédée se réuniront aux meubles et immeubles, créances et dettes de l'hé-

(1) M. Thiers, *De la propriété*, chapitre X *in fine*.

1

ritier, et composeront une masse unique avec un seul propriétaire, créancier et débiteur, l'héritier.

Cette confusion des patrimoines peut être préjudiciable aux créanciers de la succession et aussi aux créanciers de l'héritier. Si la succession est solvable ou à peu près, et que l'héritier soit insolvable, le concours des créanciers de l'héritier réduira les créanciers du *de cujus* à un dividende, ou viendra diminuer celui qu'ils auraient touché ; à l'inverse, si un héritier solvable accepte une succession insolvable, ses propres créanciers souffriront de se trouver en concours avec ceux de la succession. Ces inconvénients ne pouvaient pas manquer de frapper le législateur ; aussi s'est-il efforcé d'y apporter un remède.

L'héritier lui-même peut éprouver un grave préjudice, par suite de cette confusion. Représentant du défunt et continuateur de sa personne, il est tenu en cette qualité d'acquitter intégralement les dettes de son auteur ; l'acceptation d'une succession insolvable peut, par conséquent, entamer son propre patrimoine. La loi , en établissant l'acceptation bénéficiaire, le met à même d'échapper à ce péril.

Cette loi qui, comme nous le verrons, s'est montrée peu protectrice à l'égard des créanciers de l'héritier, s'est, au contraire, émue de la position des créanciers du défunt. Elle leur accorde le bénéfice de la *Séparation des patrimoines*, qui leur procure l'avantage de n'avoir pas à souffrir sur les biens de la succession le concours des créanciers de l'héritier.

La séparation des patrimoines nous vient du droit romain ; elle a passé dans notre ancienne jurisprudence, dans notre droit intermédiaire et a été adoptée par notre Code Civil. C'est sur elle que vont porter nos études dans le cours de ce travail.

Pour traiter la question d'une façon complète, nous examinerons cette institution à son origine , c'est-à-dire en droit romain ; puis, la suivant dans notre ancien droit et dans notre droit intermédiaire, nous arriverons au Code Civil, et nous étudierons alors la théorie de la séparation des patrimoines sous l'empire de la législation actuelle.

PREMIÈRE PARTIE

Séparation des patrimoines en droit romain.

NOTIONS PRÉLIMINAIRES

La législation romaine reconnaissait trois classes d'héritiers : l'héritier nécessaire , l'héritier sien et nécessaire, l'héritier externe : « *Heredes autem, aut ne-*

» *cessarii dicuntur, aut sui et necessarii, aut ex-*
» *tranei.* » (1)

L'héritier nécessaire, nous dit Justinien, c'est l'esclave institué héritier. On l'appelle ainsi, parce que, bon gré, mal gré, au moment de la mort du testateur, il devient libre et héritier nécessaire : « *Necessarius* » *heres est servus heres institutus, ideo sic appellatus* » *quia sive velit, sive nolit, omnimodo post mortem* » *testatoris protinus liber et necessarius heres* » *fit.* » (2)

On sait quel est le motif qui avait amené à permettre l'institution de l'héritier nécessaire. Quand une personne mourait insolvable, ses biens étaient saisis et vendus en masse par ses créanciers, et la mémoire du défunt était notée d'infamie. Pour éviter cette note d'infamie, objet d'une véritable terreur pour les citoyens romains, et permettre au débiteur insolvable de laisser au moins une mémoire pure, on avait imaginé le moyen un peu bizarre de l'institution d'un héritier nécessaire. La personne qui craignait de mourir insolvable choisissait un de ses esclaves, dont elle faisait son héritier, et, comme le dit le texte précité, cet esclave, bon gré, mal gré, était héritier « *sive velit,* » *sive nolit* » ; la vente des biens se poursuivait contre cet esclave, et c'était sur lui que tombait la note d'infamie. Cette infamie fatalement imposée à l'esclave avait paru injuste à quelques jurisconsultes qui vou-

(1) Instit., lib. II, tit. **XIX**, Prooemium.
(2) *Idem*, § 1.

laient en exempter l'esclave ; mais leur idée éminemment raisonnable n'avait point prévalu. Gaïus, qui la mentionne, ne se donne pas la peine de la discuter, il lui oppose simplement une fin de non-recevoir « *alio* » *jure utimur* » (1), dit-il, moyen simple et facile d'écarter une objection embarrassante.

Les Institutes parlent, en second lieu, des héritiers siens et nécessaires. Dans cette classe, on range le fils, la fille, le petit-fils, la petite-fille par le fils, et les autres descendants qui ont été en puissance du *de cujus*. On les appelle héritiers siens, parce que ce sont des héritiers domestiques, considérés en quelque sorte comme copropriétaires du vivant de leur père ; ils sont appelés nécessaires, parce qu'ils sont héritiers testamentaires ou *ab intestat*, soit qu'ils le veuillent ou soit qu'ils ne le veuillent pas: « *Sui autem et neces-* » *sarii heredes sunt veluti filius filiave, nepos nep-* » *tisve ex filio et deinceps cæteri liberi qui modo in* » *potestate morientis fuerint. Sui quidem heredes* » *ideo appellantur, quia domestici heredes sunt, et* » *vivo quoque patre quodammodo domini existiman-* » *tur. Necessarii vero ideo dicuntur, quia omni-* » *modo sive velint, sive nolint tam ab intestato* » *quam ex testamento heredes fiunt.* » (2)

Les héritiers externes forment la troisième classe ; ce sont les personnes qui ne sont pas sous la puissance du testateur et que ce dernier institue héritières. « *Cæ-*

(1) Gaïus, Comm. II, § 154.
(2) Inst., lib. II, tit. XIX, § 2.

» *teri, qui testatoris juri subjecti non sunt extranei,*
» *heredes appellantur.* » (1)

Ces héritiers sont aussi appelés volontaires, parce qu'ils peuvent accepter ou refuser la succession, dont ils ne sont saisis que quand ils ont fait adition.

Nous voyons dès lors la différence catégorique existant entre les héritiers nécessaires et les héritiers volontaires; les premiers sont héritiers bon gré, mal gré, et à leur insu; les seconds n'ont cette qualité que s'ils le veulent, et s'ils font adition.

Cette investiture forcée de la succession, imposée aux héritiers nécessaires et aux héritiers siens et nécessaires, présentait des avantages incontestables; dès le moment de la mort du défunt, sa succession se trouvait dévolue, et, par conséquent, les créanciers héréditaires avaient sur-le-champ quelqu'un qui pouvait répondre à leurs poursuites. D'un autre côté, l'héritier, nanti de la succession dès le décès, pouvait, sans qu'il eût besoin de faire adition, transmettre, s'il venait à mourir lui-même, cette succession, confondue dans la sienne, à ses propres héritiers. L'héritier volontaire, au contraire, devait, pour acquérir la succession, faire adition; jusque-là, il était complètement étranger à cette succession, et s'il mourait avant d'avoir fait adition, ses héritiers n'y avaient aucun droit.

A côté de ces avantages, on trouve des inconvénients considérables pour l'héritier et les créanciers de la succession.

(1) Inst., lib. II, tit. XIX, § 3.

Pour l'héritier : si la succession est insolvable, comme il succède aussi bien aux dettes qu'à l'émolument actif, il se verra chargé du passif de la succession et obligé d'y faire face, même si ce passif surpasse l'actif; il est, en effet, tenu *ultra vires*; il paiera donc sur ses propres biens celles des dettes du défunt que les ressources de la succession ne pourront pas parvenir à acquitter.

Cette position des héritiers siens et nécessaires et des héritiers nécessaires était trop dure pour que le préteur, toujours disposé à tempérer le droit strict par des raisons d'équité, ne cherchât pas à l'améliorer. A cet effet, il accordait aux héritiers siens et nécessaires le bénéfice d'abstention, *jus abstinendi: « His prætor permittit abstinere ab hereditate, »* et aux héritiers nécessaires le *jus separationis*.

Fatale aux héritiers, cette confusion des patrimoines peut aussi être désastreuse pour les créanciers de la succession. A partir de la mort du *de cujus*, son patrimoine et celui de l'héritier ne forment plus qu'une seule masse sur laquelle les créanciers personnels de l'héritier ont le droit de concourir avec ceux du défunt. Si donc, à un défunt parfaitement solvable, succède un héritier insolvable, les créanciers du défunt qui auraient dû être payés intégralement, vont voir leur part diminuée par le concours des créanciers de l'héritier; ils ne devraient donc recevoir qu'un dividende ; mais le préteur leur accorde le bénéfice de la *separatio bonorum*, pour empêcher cette conséquence logique, mais injuste de la confusion.

Indépendamment de l'héritier nécessaire et des créanciers du défunt, dont la position avait été à si juste titre améliorée par le préteur, certaines autres personnes avaient été jugées dignes de la même protection, et jouissaient aussi du droit d'obtenir la séparation des patrimoines.

Nous les indiquerons successivement dans le cours de ce travail.

Entrons donc, après ces préliminaires, dans l'étude de la théorie qui doit nous occuper.

CHAPITRE I

QUELLES PERSONNES JOUISSENT DU BÉNÉFICE DE SÉPARATION ?

SECTION I

SÉPARATION ACCORDÉE A L'HÉRITIER NÉCESSAIRE.

Pour éviter la *venditio bonorum* et la tache imprimée à la mémoire de celui au nom duquel étaient vendus les biens d'une succession insolvable, la personne qui voyait sa ruine se consommer, et ne se faisait point illusion sur le résultat de son insolvabilité, instituait un esclave pour héritier ; cet esclave était, comme nous le savons, héritier nécessaire, c'était contre lui que se poursuivait la vente, et sur lui que retombait l'infamie. Les Romains ont toujours tenu à honneur de faire un testament pouvant produire effet. Aussi, quant on craignait que les héritiers institués ne fissent pas adition, ce qui eût rendu le testament *destitutum*, on instituait un esclave qui, étant héritier nécessaire, ne pouvait pas répudier la succession.

Dans le droit antérieur à Justinien, l'esclave institué héritier devait en même temps recevoir la liberté, autrement, il ne succédait pas, quoique dans la suite il eût été affranchi : « *Noster servus simul et liber et he-* » *res esse juberi debet ; nam si sine libertate heres* » *institutus sit, etiamsi postea manumissus fuerit,* » *a domino, heres esse non potest.* » (1) Le jurisconsulte nous donne la raison de cette décision : « *Quia* » *institutio in persona ejus non consistit.* » Au point de vue légal, l'esclave n'est pas considéré comme une personne susceptible de droits ; il peut, il est vrai, servir d'instrument d'acquisition ; mais, tant qu'il reste esclave, il ne peut en aucune façon acquérir pour lui. Dans le cas où l'esclave aurait été institué sans être affranchi, le testament se trouverait fait au profit d'un institué incapable d'acquérir ; cet institué ne pourrait donc pas être héritier.

(1) Gaïus, Comm. II, §§ 186, 187.

A partir de Justinien, cette nécessité de l'affranchissement disparait ; l'institution à elle seule fait l'esclave libre et héritier. Il n'est pas vraisemblable, dit Justinien, que, quand on a choisi un esclave pour héritier sans lui donner la liberté, on ait voulu qu'il demeurât esclave et qu'on se soit condamné ainsi à n'avoir pas d'héritier. C'est l'interprétation de la volonté du testateur. Si ce dernier n'a pas affranchi l'esclave qu'il institue, c'est tout simplement par oubli ; il faut donc suppléer l'affranchissement s'il manque, et c'est ce qu'on fait en décidant, en thèse générale, que toutes les fois qu'un esclave sera institué héritier, il sera par là même libre et héritier.

L'institution d'un héritier nécessaire était vue avec tant de faveur, que la loi Ælia-Sentia, qui défendait d'affranchir un esclave en fraude des créanciers, fait exception pour le cas où cet affranchissement est fait au profit d'un esclave institué héritier nécessaire. Justinien reproduit cette disposition en ajoutant qu'elle est juste : « *Idque eodem lege Ælia-Sentia provisum » est et recte.* » (1) Mais, comme en définitive cet affranchissement et cette institution, que la loi déclarait valables, portaient atteinte aux droits des créanciers, ils ne pouvaient avoir lieu que s'ils étaient rigoureusement nécessaires, c'est-à-dire s'il n'y avait pas d'autres héritiers institués, ou si ceux qui étaient institués ne venaient pas à la succession. En d'autres termes, pour

(1) Instit., lib. I, tit. VI, § 1.

que l'exception puisse recevoir son application, il faut
qu'il n'y ait pour le disposant aucun autre moyen d'é-
viter la vente en son nom et l'infamie à sa mémoire ;
dans le cas contraire, les intérêts des créanciers, intérêts sacrés, doivent être pleinement sauvegardés.

L'esclave, héritier nécessaire en vertu de l'institution, devenait par là même débiteur personnel des
créanciers héréditaires, tenu par conséquent vis-à-vis
d'eux-mêmes *ultra vires successionis*. Si donc l'actif
de la succession ne suffisait pas pour les payer, ils
avaient le droit de le contraindre sur ses biens personnels, car nous verrons tout à l'heure qu'il pouvait
en avoir. Résultat inique, que la logique force à admettre, puisque l'héritier nécessaire représente le défunt, mais que l'équité repousse. Non-seulement l'esclave n'aura la liberté qu'à la condition d'être noté
d'infamie; non-seulement il ne prendra place parmi les
hommes libres que pour s'en voir méprisé, mais cette
triste liberté, il ne l'obtiendra qu'au prix de sa ruine ;
et, toutes ces conséquences sont fatales ; car l'esclave,
étant héritier *nécessaire*, ne peut pas s'y soustraire.

Par la séparation des patrimoines, la législation pré-
torienne avait apporté un remède, remède incomplet
en ce sens que l'esclave se trouvait toujours frappé de
la note d'infamie, mais qui lui procurait au moins
l'avantage de conserver ses biens personnels.

La séparation était demandée au préteur; ce magistrat connaissait lui-même de l'affaire, sans pouvoir la
déléguer, il statuait, *cognita causa*, sur la demande

à lui faite. Nous trouvons là une différence entre la séparation accordée à l'héritier nécessaire et le bénéfice d'abstention qui appartient aux héritiers siens et nécessaires. La séparation doit être demandée au préteur, tandis que le bénéfice d'abstension n'a pas besoin d'être demandé. Tous les biens formant le patrimoine personnel de l'esclave seront séparés de ceux du défunt, et ne pourront être saisis ni vendus par les créanciers de ce dernier. Quant aux biens qui proviennent *ex causa hereditaria*, ils serviront tous sans exception à l'acquittement des dettes héréditaires, quand bien même ils ne seraient advenus à l'esclave que postérieurement au reste de la succession.

Prenons un exemple : Paul a, de son vivant, affranchi son esclave Stichus, mais de telle sorte que ce dernier est seulement Latin Junien, position organisée par la loi *Junia Norbana*, et que la loi *Ælia-Sentia* applique aussi dans une hypothèse (1). Postérieurement à cet affranchissement, Paul meurt, instituant pour héritier nécessaire son autre esclave Pamphile. Ce dernier demande et obtient la séparation des patrimoines ; par conséquent, les biens que Pamphile acquerra dans la suite par son industrie, comme héritier institué d'un tiers, ou enfin par une cause à lui personnelle, lui resteront et ne serviront pas de gage aux

______

(1) Etaient seulement Latins Juniens, les esclaves affranchis par un mode privé d'affranchissement; ceux affranchis avant l'âge de 30 ans, ceux affranchis par un maître qui n'avait pas sur eux le domaine quiritaire.

créanciers de la succession. Stichus, l'affranchi Latin Junien, vient à mourir; il n'a pas pu disposer de ses biens par testament; car, comme le dit Justinien, bien que le Latin Junien vive comme un homme libre, cependant, au moment de sa mort, il perd en même temps la vie et la liberté. Le Latin Junien vivait libre et mourait esclave; et, comme un esclave ne laisse pas de succession, ses biens, au moment de sa mort, étaient dévolus au patron ou à ses héritiers *jure peculii*. Dans notre hypothèse, ces biens seront recueillis, *jure peculii*, par Pamphile, héritier nécessaire du patron. Mais, comme ces biens viennent *ex hereditaria causa,* puisque c'est en qualité d'héritier que Pamphile les a recueillis, ils serviront, comme la masse héréditaire, à désintéresser les créanciers de la succession. Ainsi, les biens que l'héritier nécessaire a acquis en dehors de la succession, sont les seuls qui puissent être séparés à son profit et soustraits aux poursuites des créanciers héréditaires.

Parmi les biens qui sont en dehors de la succession, il faut placer ceux qui sont dus à l'esclave par le maître qui l'a institué : « *Ita sciendum est necessarium heredem servum, cum libertate institutum impetrare posse separationem... et si quid ei a testatore debetur.* » (1) Le texte suppose que le maître peut devoir quelque chose à l'esclave qu'il a institué. L'hypothèse est prévue par Gaïus (2); la

(1) Dig., *De separationibus*, loi I, § 18.
(2) Gaïus, Comm. II, § 244.

voici : le testateur s'est institué un héritier, et il a
fait un legs à l'esclave de ce dernier. Si cet héritier
fait à son tour un testament, et que dans ce testament
il institue, comme héritier nécessaire, l'esclave au profit
duquel le legs a été fait, cet esclave deviendra créancier de la succession de son maître.

Mais quand se produira cet effet, à quelles conditions
ce legs ainsi fait à l'esclave de l'héritier sera-t-il valla-
ble ?

Sur ce point, une discussion s'éleva entre les Sabiniens et les Proculéiens. Ces derniers soutenaient que
ce legs ne pouvait jamais valoir, qu'il fût fait purement et simplement, ou sous condition ; que, par conséquent, l'esclave ne deviendrait pas créancier après son
affranchissement, parce qu'un maître ne peut pas
devenir débiteur de son esclave, pas même sous condition; « *quia*, disaient les jurisconsultes de l'école Pro-
culéienne, *quos in potestate habemus, eis non magis
sub conditione quam pure debere possumus.* » (1)

Les Sabiniens admettaient le legs conditionnel, le
legs fait sous la condition de l'affranchissement de l'esclave, mais ils repoussaient le legs pur et simple,
quand même, du vivant du testateur, l'esclave fût
sorti de la puissance de son maître : « *Licet enim*
» *vivo testatore possit desinere in potestate heredis*
» *esse, ideo tamen inutile legatum intelligi oportere,*
» *quia quod nullas vires habiturum fore si statim*

-----

(1) Gaïus, Comm. II, § 244.

» *post testamentum factum decessisset testator, hoc*
» *ideo valere quia vitam longius traxerit absurdum*
» *esset.* » (1) C'était l'application de la règle Catonienne.

Pour se mettre dans l'hypothèse d'un maître débiteur d'un legs vis-à-vis de son esclave, il fallait supposer que ce legs avait été fait à l'esclave à condition
qu'il serait affranchi. Nous plaçant au point de vue de
l'opinion Sabinienne, nous regardons ce legs comme
valable. L'héritier institué, testant à son tour, fait son
esclave son héritier nécessaire, il donne la liberté à
cet esclave ; la condition est accomplie ; l'esclave étant
affranchi devient personnellement capable d'acquérir
les biens à lui légués, et il se trouve créancier de la
succession. Le montant du legs à lui fait ne lui est pas
dévolu *ex hereditaria causa ;* il tombe, par conséquent, dans la classe de ses biens personnels, biens
qui sont séparés à son profit. La règle Catonienne, dont
il est fait mention plus haut, ne fait aucunement obstacle à cette solution, car la règle Catonienne, est sans
effet vis-à-vis des legs conditionnels : *Placet Catonis*
regulam, ad conditionales institutiones non perti-
nere. » (2)

(1) Gaïus, Comm. II, § 244.
(2) Dig., lib. XXXIV, tit. VII, l. 4.

SECTION II

LES CRÉANCIERS DE L'HÉRITIER JOUISSENT-ILS DU BÉNÉFICE DE SÉPARATION DES PATRIMOINES ?

Ulpien, au titre *De separationibus* (1), se pose la question de savoir si les créanciers de l'héritier jouissent du bénéfice de séparation des patrimoines, quand leur débiteur a accepté une mauvaise succession. Leur position, dans ce cas, est certainement malheureuse, puisque leur débiteur peut, par cette acceptation, devenir insolvable de solvable qu'il était, et l'effet de l'adition étant de rendre les créanciers de la succession créanciers personnels de l'héritier et de les admettre à concourir sur ses biens, les créanciers originaires de cet héritier seront privés, par l'effet de ce concours, d'une partie de ce qu'ils auraient dû recevoir.

Malgré ce résultat regrettable, la loi n'avait point songé à protéger ces créanciers, « *nullum remedium est proditum ;* » et pourquoi ? parce que les créanciers sont en faute d'avoir contracté avec un tel homme : « *sibi enim imputent qui cum tali contraxerunt.* » Singulier raisonnement, qui regarde la confiance comme une faute, et qui trouve bon que l'on punisse les créanciers, parce que, se montrant généreux, ils n'ont pas voulu porter atteinte au crédit de leur débiteur, en

(1) Dig., *De separationibus*, l. 1, § 5.

exigeant de lui des sûretés particulières. Quoi qu'il en soit, point de remède à moins que le préteur, agissant *extra ordinem,* ne vienne au secours de ces créanciers quand leur débiteur a agi en fraude de leurs droits, ce qui n'est guère admissible, *quod non facile admissum est.* (1)

En présence du texte dont les derniers mots viennent d'être cités, il n'est pas téméraire de dire que la séparation ne fut jamais accordée dans ce cas. Il n'y a donc plus que l'action Paulienne au service de ces créanciers. Ils auront évidemment cette ressource, car l'adition d'une succession insolvable constitue, de la part de leur débiteur, un acte par lequel il diminue son patrimoine. Bien que les créanciers de l'héritier aient l'action Paulienne, on aurait cependant pu leur accorder la séparation des patrimoines ; ce serait, en effet, une erreur de croire que cette séparation fut pour eux sans intérêt. L'intérêt existe, il est incontestable, car l'action Paulienne doit, pour être recevable, s'intenter dans le délai d'une année, délai bien court, sans aucun doute, tandis que la séparation peut être demandée pendant cinq ans, comme nous le verrons plus tard.

____

(1) Dig., *De separationibus,* l. 1, § 5.

SECTION III

HÉRITIER FIDUCIAIRE.

L'héritier fiduciaire est, on le sait, un héritier institué avec charge de rendre tout ou partie de la succession à une personne désignée par le testateur.

Relativement à l'héritier fiduciaire, il nous faut distinguer trois époques : la première comprend le temps qui précède le sénatus-consulte Trébellien ; la seconde s'étend entre le sénatus-consulte Trébellien et le sénatus-consulte Pégasien ; la troisième commence après le sénatus-consulte Pégasien et va jusqu'à Justinien. (1)

Pendant la première époque, la restitution que doit faire le fiduciaire s'effectue au moyen d'une opération ressemblant à la vente. Le fiduciaire vend l'hérédité au fidéicommissaire *uno nummo*, et nous voyons, au Digeste, que pour réaliser cette restitution, il n'était pas besoin de la remise effective des choses qui devaient être rendues. Gaïus, en effet, dit ceci : « *Facta in* » *fideicommissarium restitutione, statim omnes res* » *in bonis fiunt ejus cui restituta est hereditas etsi* » *nondum earum nactus fuerit possessionem* (2). »

Le sénatus-consulte Trébellien, qui fut rendu sous Néron, change le mode établi jusqu'alors ; il décide qu'une fois la succession restituée au fidéicommis-

(1) Instit., lib. II, tit. XXIII, §§ 4, 5.
(2) Dig., lib. XXXVI, tit. 1, l. 63, Proœmium.

saire, les actions seront données à ce dernier et contre lui. Au point de vue du droit pur, le fiduciaire demeurait toujours héritier, à lui appartenait encore l'exercice des actions, et il se trouvait aussi soumis aux poursuites des créanciers. Mais le préteur, au moyen de l'exception *restitutæ hereditatis*, permettait aux débiteurs héréditaires de repousser son action ; comme lui, de son côté, pouvait, en opposant cette exception, se soustraire aux poursuites dirigées contre lui.

Si l'adition d'hérédité ne nuisait en rien au fiduciaire, elle ne lui procurait non plus aucun avantage, car il devait remettre au fidéicommissaire tout ce que lui avait procuré cette adition, partant, aucun intérêt pour lui à faire adition ; aussi, pouvait-il arriver que, pour éviter tout embarras, le fiduciaire laissât de côté une succession qui ne devait lui apporter aucun émolument ; dans ce cas, le fidéicommis était caduc.

Le sénatus-consulte Pégasien, voulant empêcher ce refus d'adition, accorda le droit de retenir un quart de la succession au fiduciaire, qui eut ainsi intérêt à faire adition. Dès lors, le fidéicommissaire ne put jamais avoir l'exercice des actions héréditaires, il ne fut plus qu'un légataire en présence d'un héritier venant à la succession. Ces actions appartenaient en entier au fiduciaire, qui pouvait aussi être poursuivi pour le tout par les créanciers de la succession. Entre le fiduciaire et le fidéicommissaire intervenaient les stipulations qu'on appelait *partis et pro parte*, en vertu desquelles le fiduciaire s'engageait, envers le fidéicommissaire, à le faire bénéficier pour sa part du résultat des poursuites que lui, fiduciaire, intenterait contre les débiteurs de la succession. Quant aux condamnations que les créanciers héréditaires pourraient obtenir contre le fiduciaire, le fidéicommissaire s'engageait à l'indemniser jusqu'à due concurrence.

Malgré le sénatus-consulte Pégasien, le sénatus-consulte Trébellien pourra trouver son application. Cela aura lieu dans le cas où le fidéicommis, ne comprenant que les trois quarts de la succession, ou une portion inférieure aux trois quarts, le fiduciaire n'aura pas besoin d'invoquer le Pégasien pour avoir sa quarte ; il s'applique encore quand le fiduciaire, croyant la succession mauvaise et refusant de faire adition, le préteur le force à faire cette adition, et à restituer la succession au fidéicommissaire.

Revenons maintenant à la séparation, et voyons quand il peut en être question pour le fiduciaire. Voici le cas : un fiduciaire, croyant la succession mauvaise, refuse de faire adition ; sur la demande du fidéicommissaire, le préteur l'y contraint ; puis, quand le fiduciaire veut opérer la restitution à laquelle il est tenu, il ne trouve plus personne, ou parce que le fidéicommissaire est mort sans laisser d'héritiers, ou bien parce qu'ayant constaté l'insolvabilité de la succession, il a disparu, pour éviter les suites de la restitution qu'on doit lui faire. La situation du fiduciaire est alors très-critique, il se trouve chargé d'une succession qu'il n'a acceptée que malgré lui, et exposé aux poursuites des créanciers, auxquels il ne peut pas opposer l'exception *restitutæ hereditatis*, puisque aucune restitution n'a été faite ; il se verra donc, d'après le droit strict, obligé de payer les créanciers héréditaires, même sur ses biens personnels.

Le préteur le protége en lui accordant la *separatio*, en vertu de laquelle les créanciers de la succession ne pourront se faire payer que sur les biens héréditaires. Il pouvait arriver que le fiduciaire, soit pour nuire à ses créanciers personnels, soit par simple négligence, omit de demander la séparation des patrimoines ; ces créanciers ne doivent pas être victimes de sa fraude ou de sa négligence; aussi Ulpien nous apprend que, dans ce cas, ils pourront demander eux-mêmes la séparation : « *Creditoribus quoque heredis desideran-* » *tibus hoc idem præstandum puto, licet ipse non* » *desideravit.* » (1)

SECTION IV

SUBSTITUÉ PUPILLAIRE.

A Rome, on permettait au père de famille qui faisait son testament, de faire en même temps celui de l'enfant qu'il avait en sa puissance, pour le cas où l'enfant mourrait avant d'avoir atteint sa puberté. On avait craint qu'après la mort du père, les héritiers présomp-

____

(1) Dig., *De separationibus*, 1. 1, § 6.

tifs de l'impubère ne cherchassent à le faire périr avant qu'il fut d'âge à faire son testament. Pour empêcher ce résultat, le père faisait lui-même le testament de son fils, mais le nom de l'héritier que le père lui donnait ainsi était indiqué à part, et cette partie du testament ne devait être ouverte qu'après la mort de l'impubère. De cette façon, le testament du fils étant fait par le père, les héritiers n'avaient pas intérêt à faire périr l'impubère pour l'empêcher de tester, et le substitué, ne connaissant pas sa vocation, n'avait pas non plus le *votum mortis*.

Cette institution s'appelait *substitution pupillaire* et ne valait qu'autant que l'enfant mourait impubère. La substitution comprenait les biens que l'impubère avait recueillis dans la succession de son père et ceux qu'il avait pu acquérir depuis par succession, donation, par son industrie. A l'origine, la substitution contenait toujours une partie de la succession du père ; car, dans le principe, on ne pouvait donner un substitué à son fils qu'à la condition d'instituer ce fils ; plus tard, il fut permis de donner un substitué même à son fils exhérédé : « *Non solum autem heredibus institutis* » *impuberibus liberis ita substituere possumus, ut si* » *ante pubertatem mortui fuerint, sit is heres quem* » *nos voluerimus, sed etiam exheredatis.* » (1) La substitution comprend alors les biens que l'impubère a acquis depuis la mort de son père par succession, legs, donation ou autrement.

(1) Gaïus, Comm. II, § 182.

Supposons que le substitué succède en même temps au testateur et à l'impubère : Primus a deux fils, Secundus et Tertius, ce dernier impubère. Primus fait son testament, institue Secundus et exhérède Tertius ; puis, il substitue pupillairement Secundus à Tertius. Tertius meurt impubère, après avoir acquis personnellement des biens, et laisse une succession parfaitement solvable ; la succession de Primus, le père de famille, est au contraire insolvable. Le substitué aurait un intérêt incontestable à accepter la succession de son frère, et à repousser celle de son père ; il pourra le faire au moyen de la *separatio*.

Le refus de la part du substitué de faire adition de l'hérédité de son père ne fait pas tomber la substitution. Le fils substitué est héritier sien du père de famille ; et quoique, par son abstention, il reste étranger à la succession de son père, vis-à-vis des créanciers de ce dernier, il demeure cependant héritier au point de vue du droit civil. Le testament du père ne tombera donc point, et le substitué héritera de l'impubère dont les biens lui ont été donnés par ledit testament. Deux hérédités lui sont données (1), il veut accepter l'une et repousser l'autre. Le préteur permet qu'elles soient séparées ; le substitué en prend une et s'abstient de l'autre. Le fait de demander la réalisation du bénéfice établi par la substitution n'était pas considéré comme une immixtion dans la succession du testateur, il ne

(1) Instit., lib. II, tit. XVI, § 2.

faisait par conséquent pas obstacle à ce que le substitué usât du *jus abstinendi* vis-à-vis de la succession paternelle. (1)

Il pouvait se faire que le père, ayant, comme nous l'avons supposé, deux fils, l'un pubère, l'autre impubère, les instituât l'un et l'autre, en donnant son fils pubère pour substitué à l'impubère. Si ce dernier meurt avant sa puberté, le substitué venant à sa succession, y trouvera une partie de la succession paternelle ; si elle est mauvaise, et que l'impubère ne se soit pas immiscé, le substitué pourra demander la séparation et s'en tenir aux biens composant la succession personnelle de son frère impubère.

Supposons que le substitué ne soit pas héritier sien du père. Dans ce cas, si la substitution s'ouvre, le substitué ne pourrait pas demander la séparation du patrimoine de l'impubère d'avec celui du père, il devrait accepter les deux hérédités, ou bien renoncer à la substitution. Ulpien nous en donne la raison : « *Si* » *filio exheredato, substitutus repudiaverit patris* » *hereditatem, non poterit filii adire; nec enim valet* » *filii testamentum nisi patris fuerit adita heredi-* » *tas.*» (2) Dans ce cas, si le substitué refusait la succession du père, le testament de ce dernier ne vaudrait pas ; car, le substitué n'étant pas héritier sien, n'ayant pas aux yeux du droit civil la qualité d'héritier, il n'y

______

(1) Dig., lib. XXVIII, tit. VI, loi 12.
(2) Dig., lib. XXVIII, tit. VI, l. 10, § 4.

aurait pas d'héritier pour le père; son testament qui en institue un serait par conséquent caduc.

Mais si un impubère, après avoir été institué par son père, mourait, laissant, outre la succession paternelle, des biens personnels. son héritier *ab intestat* pourrait, si l'impubère ne s'était pas immiscé, laisser de côté la succession du père et repousser l'action des créanciers de ladite succession : « *Si pupillus paterna* » *hereditate se abstinuisset, deinde ei aliquis heres* » *exstitisset, non esse eum compellendum credito-* » *ribus paternis respondere, nisi substitutus ei* » *fuit.* » (1) Ainsi, d'après Julien, à qui Ulpien emprunte la solution qu'on vient de reproduire, si l'héritier n'était pas substitué, s'il venait comme héritier *ab intestat* du fils, il ne pouvait pas être contraint de payer les créanciers de la succession paternelle. Si, au contraire, il était substitué, il ne jouissait pas du bénéfice de séparation, il devait ou accepter les deux successions, ou renoncer à la substitution, comme nous l'avons vu plus haut.

Cette solution était controversée. Marcellus voulait que, même dans le cas où l'héritier *ab intestat* était en même temps substitué, il jouît cependant du bénéfice de la séparation. On peut dire que son avis avait prévalu, car nous voyons Ulpien, dans la loi précitée, soutenir que Marcellus a eu raison de combattre l'opinion de Julien. On considérait que l'impubère, à qui

(1) Dig., lib. XXIX, tit. II, l. 42, Proœmium.

il importait comme à tout Romain d'avoir un héritier, avait par là même intérêt à ce que son substitué put obtenir la séparation, et ne fut pas éloigné d'accepter la succession, par la crainte de voir les créanciers du père devenir les siens par le fait de son acceptation.

SECTION V

CRÉANCIERS D'UN FILS DE FAMILLE AYANT UN PÉCULE CASTRENS.

Le fils de famille était, à l'origine, traité comme l'esclave. Instrument d'acquisition vis-à-vis de son père, il ne pouvait posséder aucun bien en propre. Une différence notable existait cependant entre le fils et l'esclave : ce dernier ne pouvait pas s'obliger ; le fils de famille, au contraire, quoique ne possédant rien, pouvait être tenu personnellement. (1) Si le père de famille refusait de satisfaire les créanciers, ces derniers pouvaient, au moyen de la *manus injectio*, se saisir du fils et le vendre comme esclave.

A la fin de la république, quand devant l'inerte impuissance d'un sénat abâtardi, le coup d'état fut mis à l'ordre du jour, les ambitieux qui se disputèrent le pouvoir, sentant qu'il leur importait de s'appuyer sur

(1) Dig., lib. XLIV, tit. VII, l. 39.—Dig., lib. XLV, tit. I, l. 141, § 2.

l'armée, cherchèrent à stimuler le dévouement des fils de famille et à les pousser vers la carrière militaire, en établissant le *Pécule castrens*. Il apparaît sous César peut-être, mais à coup sûr sous Auguste. D'après la loi 1 au Code, livre XII, titre XXXVII. ce pécule se composait de toutes les choses mobilières que le fils de famille avait reçues de son père, sa mère, de ses proches ou de ses amis, au moment de son départ pour la guerre, des successions même immobilières qui lui venaient de personnes qu'il n'avait pu connaître qu'au service. Il en était de même de la succession des agnats du fils de famille, quand il avait servi avec eux, et qu'ainsi leur amitié réciproque s'en était augmentée. La succession de la mère n'en faisait jamais partie, non plus que les immeubles qui auraient pu être donnés au fils de famille au moment de son départ pour la guerre. Mais les immeubles acquis au moyen d'une valeur tirée du pécule *castrens* avaient le caractère de ce pécule. La solde du fils de famille, sa part dans le butin, ses armes, son équipement étaient aussi compris dans le pécule.

Voici à propos de quoi se pose la question de séparation : Un fils de famille s'est obligé, alors qu'il ne possédait rien ; comme nous l'avons vu, il peut le faire valablement. Plus tard il part pour la guerre et devient propriétaire d'un pécule *castrens* ; puis il contracte de nouvelles dettes ; il est évident que les biens composant le pécule répondront de ces engagements ; mais, répondront-ils des engagements antérieurs ? Les créanciers, qui ont contracté avant que le fils n'eût son pécule, pourront-ils se faire payer sur les biens compris dans ce pécule ? Ulpien résout la question négativement. Le pécule sera le gage exclusif des créanciers que le texte (1) appelle *castrenses*, des créanciers dont les droits sont postérieurs à l'acquisition du pécule.

Cette solution ne repose sur aucune idée juridique, car il est de principe qu'en s'obligeant, on oblige tous ses biens présents et futurs. Cette séparation est une faveur exagérée accordée aux créanciers des militaires, pour que ces derniers trouvent plus facilement du crédit. C'est une injustice flagrante, car ce crédit exceptionnel ne prend naissance qu'à la condition de frustrer les créanciers antérieurs à l'acquisition du pécule, créanciers dont les droits sont certainement aussi respectables que ceux des créanciers postérieurs.

Il pourrait se faire que les créanciers du fils eussent contre le père une action *de in rem verso*, ce qui se produirait si l'engagement du fils avait procuré quelqu'avantage à son père ; dans ce cas, comme dans le précédent, les créanciers qui ont traité avec le fils avant 'qu'il eût un pécule, ne pourront pas se désintéresser sur le pécule, parce que, dit Ulpien, ils peuvent recourir contre le père. Cette raison n'en est pas une ; de ce que les créanciers peuvent poursuivre le père, il ne devrait pas s'en suivre qu'ils n'aient pas d'action

_____

(1) Dig., *De separationibus*, l. 1, § 9.

contre le fils, dont les biens, d'après les principes sai-
nement entendus, répondent de toutes les dettes qu'il
a contractées. Et dans l'hypothèse présente, si le père
est insolvable, les créanciers auront beau agir par l'action *de in rem verso*, ils n'auront rien, ce qui est sou-
verainement injuste. Les créanciers du fils, ceux qui
ont contracté avant qu'il eût un pécule, comme ceux
dont la créance est postérieure, devraient être sur la
même ligne ; car, logiquement parlant, leur position est
identique.

Dirons-nous du pécule *quasi-castrens* ce que nous
avons dit du pécule *castrens* ? Dans la loi précitée,
Ulpien n'en parle pas ; mais on ne peut rien arguer de
son silence, parce que le pécule *quasi-castrens* n'a été
établi que sous Constantin, qui fut empereur de 306 à
337, et qu'Ulpien était mort vers 230; le pécule *quasi-
castrens*, lui, était par conséquent entièrement inconnu.
Si on avait voulu appliquer au pécule *quasi-castrens*
les règles du pécule *castrens*, on aurait, lors de la rédaction du Digeste, assimilé ces deux pécules, qui alors
existaient l'un et l'autre. Du silence que le Digeste
garde à cet égard, il est permis de conclure que cette
assimilation n'existe pas. Cette solution n'est pas d'accord, il est vrai, avec l'opinion de Pothier qui soutenait
que tout ce que l'on dit du pécule *castrens* doit aussi
s'appliquer au pécule *quasi-castrens* ; mais, malgré
l'autorité du grand jurisconsulte, l'assimilation de ces

deux pécules ne saurait être admise. (1)

SECTION VI

PATRON SUCCÉDANT A SON AFFRANCHIE.

Dans un texte qui forme au Digeste le paragraphe 1 de la loi 6 du titre *De separationibus,* texte emprunté à Julien, ce jurisconsulte, supposant qu'une affranchie a fait adition d'une hérédité insolvable, se demande si l'on doit donner le *jus separationis* au patron venant à la succession de cette affranchie. Julien répond affirmativement : « *Non est iniquum succurri patrono* » *ne oneraretur œre alieno, quod liberta retinendo* » *bonorum possessionem secundum tabulas contraxe-* » *rit.* »

Du temps de Julien, une affranchie avait son patron comme héritier en première ligne. A cette époque, en effet, les enfants, n'étant pas héritiers siens de leur mère, lui succédaient seulement comme agnats, si elle avait été *in manu mariti* ; or, le patron primant tous les agnats de l'affranchie qui n'étaient pas en même

____

(1) Au Digeste, livre XXXIX, titre V, loi 7, § 6, loi qui est empruntée à Ulpien, il est question du pécule *quasi-castrens* ; on admet que c'est une interpolation de Tribonien ; cette supposition est évidente, car la loi unique au Code, livre XII, titre XXXI, qui établit le pécule *quasi-castrens*, est de l'an 320, 90 ans après la mort d'Ulpien. Si donc ce pécule se trouve mentionné dans un texte d'Ulpien, c'est certainement par suite d'une interpolation.

temps héritiers siens, il excluait les enfants, car ils n'avaient point cette qualité d'héritiers siens. Le sénatus-consulte Orphitien donna aux enfants le titre d'héritiers siens de leur mère; mais ce sénatus-consulte est postérieur à Julien. Ce dernier était contemporain d'Adrien, qui régna de 117 à 138, et le sénatus-consulte en question fut rendu sous le règne de Marc-Aurèle, vers 180. L'affranchie, à l'époque de Julien, avait donc son patron comme héritier en première ligne.

L'hypothèse prévue par Ulpien est la suivante : Une affranchie meurt laissant des biens personnels, plus une succession insolvable dont elle a fait adition ; le jurisconsulte décide qu'il faut venir au secours du patron et lui accorder la séparation des biens de l'affranchie d'avec ceux de la succession insolvable. C'est une faveur accordée au patron, quoiqu'il ne soit pas héritier nécessaire, et qu'il puisse, par conséquent, se soustraire à l'obligation de payer les dettes de la succession insolvable, en ne faisant pas adition de celle de l'affranchie. On lui donne la séparation, qui lui permet de ne pas payer les dettes de cette succession insolvable, tout en conservant cependant les biens de son affranchie. Cette faveur s'explique : en accordant à son esclave le bienfait de l'affranchissement, le maître a accompli un acte d'humanité que la loi voit d'un bon œil ; elle veut, en conséquence, lui assurer la possession des biens personnels de son affranchie.

Il est bien entendu, du reste,, qu'il est nécessair)
pour l'application de ce bénéfice, que les biens composant la succession insolvable ne soient pas confondus
avec les biens personnels de l'affranchie ; dans le cas
contraire, la séparation serait impossible. Julien veut
peut-être prévoir aussi une autre hypothèse qui pouvait se présenter ; le patron révoque, pour cause d'ingratitude, l'affranchissement qu'il a accordé à une de
ses esclaves; l'affranchie redevient esclave, et tous ses
biens sont acquis par son maître. Si, pendant la durée
de son affranchissement, elle avait fait adition d'une
hérédité insolvable, le maître pourra, en supposant
que cette succession n'était pas confondue avec les
biens personnels de l'ancienne affranchie, obtenir la
separatio bonorum.

SECTION VII

SÉPARATION ACCORDÉE CONTRE LE FISC.

Nous avons vu un bénéfice de séparation surgir à
propos du pécule *castrens*; nous savons que les créanciers qui avaient contracté avec le fils de famille, postérieurement à l'acquisition de ce pécule, pouvaient,
en invoquant la séparation, se faire payer sur les biens
dudit pécule, à l'exclusion des créanciers antérieurs à
cette acquisition. Nous trouvons ici un bénéfice de
séparation d'une autre nature , établi à l'occasion du
pécule ordinaire, et accordé au fils de famille nanti de
ce pécule, contre le fisc.

Au premier abord, on éprouve quelques difficultés à comprendre et à justifier l'existence de cette séparation. En effet, le pécule dont il s'agit était une portion du patrimoine du père de famille, dont ce dernier donnait l'administration à son fils; mais le fils ne devenait point propriétaire des biens à lui confiés de la sorte, il les administrait pour son père, dont il n'était, en quelque sorte, que le mandataire.

Cette séparation était cependant admise, et voici dans quelle hypothèse : les biens du père ont été saisis par le fisc, dont le père était débiteur; le fils pourra faire séparer le pécule du reste du patrimoine de son père, et conserver de cette façon les biens qui lui avaient été confiés : « *Si patris ejus bona à fisco prop-* » *ter debitum occupata sunt, peculium ei a consti-* » *tutione Claudii separatur.* » (1) Ulpien, dans un autre texte, nous parle d'un cas où les biens du père seront saisis par le fisc, mais dans lequel le fils qui a été chargé de l'administration d'un pécule ne pourra pas demander la séparation à l'occasion de ce pécule : « *Si patris deportatione sui juris fuerit effectus fi-* » *lius, de peculio fiscus tenebitur.* » (2) C'est le fisc qui est tenu de l'action *de peculio*, c'est donc à lui qu'appartient le pécule ; le fils de famille s'en verra privé. C'est la conséquence de la confiscation qui accompagnait la déportation. On peut la trouver rigoureuse et en même temps peu logique ; la loi a eu tort

(1) Dig., *De minoribus*, l. 3, § 4.
(2) Dig., lib. XV, tit. II, l. 4, § 4.

de ne pas protéger le fils dans cette hypothèse. Si le père est coupable, qu'on le punisse, c'est naturel ; mais ce n'est pas une raison pour ruiner le fils qui est innocent.

SECTION VIII

DE LA SÉPARATION ACCORDÉE AUX CRÉANCIERS DE LA SUCCESSION ET AUX LÉGATAIRES.

L'adition d'hérédité, amenant entre le patrimoine du défunt et celui de son héritier la confusion la plus complète, produisait vis-à-vis des créanciers de la succession les effets funestes dont nous avons parlé plus haut. C'était la conséquence logique et forcée du principe que l'héritier, représentant du défunt, succède à ses dettes comme à ses biens. Tout en laissant debout ce principe du droit civil, le préteur avait trouvé moyen de remédier à ses effets désastreux, il permettait aux créanciers de s'en affranchir au moyen de la séparation des patrimoines. Par respect pour la mémoire du défunt, pour que ses volontés reçussent, autant que possible, leur accomplissement, ce bénéfice de séparation était aussi attribué aux légataires.

La séparation, dont nous parlons dans ce moment, est intéressante à deux points de vue ; intéressante par l'importance des droits qu'elle vient garantir, intéressante aussi, parce qu'elle a passé dans notre vieux droit et dans notre droit actuel. Nous allons donc la voir naître en droit romain, qui la transmettra à notre ancienne jurisprudence, à laquelle le Code Civil l'empruntera à son tour.

Le bénéfice de séparation des patrimoines, accordé aux créanciers et aux légataires, ne peut être exercé par eux que sous certaines conditions. Parmi ces conditions, les unes ont rapport aux personnes qui demandent la séparation, les autres aux biens relativement auxquels elle est sollicitée.

Voyons d'abord les conditions exigées quant aux personnes ; nous nous occuperons plus tard de celles qui ont trait aux biens.

§ I

I. — Pour pouvoir obtenir la séparation des patrimoines, il faut que la personne qui la demande soit dans une position telle qu'on ne puisse pas dire qu'elle a accepté l'héritier pour débiteur. Or, on accepte l'héritier pour débiteur, quand on fait avec lui une stipulation contenant novation : « *Illud sciendum est, eos de-* » *mum creditores posse impetrare separationem qui* » *non novandi animo ab herede stipulati sunt.* » (1) Le texte, après avoir donné cette solution, la justifie d'une façon très-logique en disant que les créanciers qui ont fait novation perdent le droit de demander la séparation, parce qu'ayant choisi l'héritier pour leur débiteur, ils ne peuvent plus se séparer de lui. (2)

(1) Dig., *De separationibus*, l. I, § 10.
(2) *Idem.*

Quand le magistrat sera saisi d'une demande en séparation, il devra examiner la nature des stipulations qui ont pu intervenir entre les créanciers et légataires et l'héritier, rechercher si elles contiennent une novation ; et , s'il en est ainsi, la demande en séparation devra être repoussée.

La loi énumère quelques faits qui, à ses yeux, font présumer de la part des créanciers l'intention d'accepter l'héritier pour débiteur. La demande d'intérêts adressée par eux à l'héritier est rangée parmi ces faits ; mais, pour que le *jus separationis* soit perdu, il faut que la volonté de nover soit bien établie : *idem erit probandum*, dit le texte. (1) Si les créanciers ont accepté un fidéjusseur, ils ont entendu devenir désormais les créanciers de l'héritier. La dette sera payée par l'héritier ou, à son défaut, par le fidéjusseur ; ce dernier garantit la dette de l'héritier. En acceptant un fidéjusseur qui assure le paiement de la dette de l'héritier, le créancier a par là même accepté cet héritier pour débiteur.

Cette conséquence est logique, mais il faut avouer qu'elle est rigoureuse. Il peut arriver, en effet, que le fidéjusseur soit insolvable, ainsi que l'héritier ; placés en face de cette double insolvabilité, les créanciers de la succession se trouveront dans une position malheureuse. La séparation des patrimoines leur serait bien utile dans cette circonstance ; car si le défunt était

____

(1) Dig., *De separationibus*, l. I, § 10.

solvable, ou à peu près, elle leur procurerait un paiement intégral ou un dividende important. La loi leur
refuse cette ressource ; ils devaient, avant d'accepter
un fidéjusseur, s'assurer s'il était solvable ; qu'ils soient
donc punis de leur imprudence : « *Sibi imputent cur*
» *minus idoneos fidejussores accipiebant.* » (1) Si, au
lieu d'accepter un fidéjusseur, les créanciers avaient
demandé un gage, la solution serait la même ; car, en
demandant ce gage, ils ont fait voir aussi qu'ils accep-
taient l'héritier pour débiteur. (2)

II. — Quelquefois cependant, sans vouloir suivre
la foi de l'héritier et l'accepter pour débiteur, les créanciers seront obligés d'agir contre lui. Supposons, par
exemple, qu'ils eussent contre leur débiteur une action
susceptible de s'éteindre par prescription. (3) S'ils
n'ont pas pu l'exercer contre lui pendant sa vie, il
faudra bien qu'ils s'adressent à son héritier, sous peine
de voir la prescription leur enlever leur droit. La
novation judiciaire, qui, à l'époque de la procédure
formulaire, était produite par la *litis contestatio*, n'empêche pas ces créanciers d'obtenir la séparation des
patrimoines ; car, dans l'espèce, ils ont agi par nécessité sans pour cela vouloir suivre la foi de l'héritier,

(1) Dig., *De separationibus*, l. I, § 14.
(2) Dig., *De separationibus*, l. I, § 15.
(3) Les actions accordées par la loi, les sénatus-consultes,
les constitutions impériales, sont ordinairement perpétuelles ;
celles qui émanent de la juridiction du préteur sont, en
général, annales, comme l'*imperium* de ce magistrat.

et l'accepter désormais pour débiteur: « *Quia ex ne-*
» *cessitate hoc fecerunt.* » (1)

III. — Il peut se faire que, parmi les créanciers du
défunt, les uns demandent la séparation des patrimoines, et les autres consentent à accepter l'héritier
pour débiteur. Dans ce cas, chacun des créanciers du
défunt sera traité suivant le parti qu'il aura pris. Ceux
qui auront accepté l'héritier pour débiteur entreront
dans la classe de ses créanciers personnels, ils concourront, par conséquent, avec ces derniers sur les
biens personnels de l'héritier, et sur ce qui pourra
rester des biens du défunt après que les créanciers, qui
ont demandé la séparation, auront été désintéressés.
Ces derniers auront pour gage exclusif les biens
laissés par le défunt.

Remarquons bien une chose : l'acceptation de l'héritier pour débiteur par une partie des créanciers, est,
quant à ceux qui demandent la séparation, *res inter*
alios acta; elle ne peut pas leur nuire , mais elle ne
doit pas non plus leur profiter. La séparation qu'ils
ont obtenue remet pour eux les choses en l'état où
elles se trouvaient avant l'adition ; ils doivent, par
conséquent, toucher sur les biens du défunt le dividende qu'ils auraient eu, si le paiement des dettes
avait eu lieu avant l'adition. Si donc, à cette époque,
ils eussent pu recevoir la moitié de leurs créances, ils
ne recevront que cette moitié ; quant à la part affé-

____

(1) Dig., *De separationibus*, 1, 7.

rente aux créanciers qui ont accepté l'héritier pour débiteur, elle se réunira aux biens de ce dernier pour devenir le gage commun de tous ses créanciers personnels, au nombre desquels se trouvent les créanciers héréditaires qui l'ont accepté pour débiteur. Ces derniers créanciers ne peuvent pas, après avoir suivi la foi de l'héritier, demander à profiter du bénéfice de séparation obtenu par les autres. Ulpien, qui prévoit l'hypothèse, la résout en ce sens, et cela par la raison que nous venons de donner, à savoir que ces créanciers sont devenus les créanciers personnels de l'héritier : « *Hos enim cum creditoribus heredis nume-* » *randos.* » (1)

IV. — Tous les créanciers, que leur droit soit pur et simple, à terme ou conditionnel, peuvent demander la séparation des patrimoines : « *Creditoribus quibus* » *ex die vel sub conditione debetur, et propter hoc* » *nondum pecuniam petere possunt, æque separatio* » *dabitur, quoniam et ipsis cautione communi con-* » *suletur.* » (2)

Cette solution peut faire naître une difficulté. Nous verrons, quand nous étudierons la procédure de la séparation des patrimoines, qu'elle ne donne pas lieu à une action isolée, mais qu'elle se lie à l'ensemble des voies d'exécution forcée, accordées au créancier sur les biens de son débiteur ; la séparation se présente comme un incident de l'expropriation et suppose, par

(1) Dig., *De separationibus*, l. 1, § 16.
(2) Dig., *De separationibus*, l. 4, Prœmium.

conséquent, l'envoi en possession qui se rencontre toujours à propos de l'expropriation.

Si la séparation, incident de l'expropriation, suppose l'envoi en possession, comme les créanciers même conditionnels jouissent du bénéfice de séparation, ces créanciers, dont les droits sont en suspens, pourront donc cependant obtenir l'envoi en possession des biens de leur débiteur. Un texte de Paul nous répond affirmativement, il forme le *principium* de la loi 6, au Digeste, livre XLII, titre IV : « *In posses-* » *sionem mitti solet creditor, et si sub conditione ei* » *pecunia promissa sit.* » Un peu plus loin, au même titre, le paragraphe 2 de la loi 14, texte également emprunté à Paul, vient contredire cette solution. Nous y lisons ce qui suit : « *Creditor autem conditionalis* » *in possessionem non mittitur, quia is mittitur qui* » *potest bona ex edicto vendere.* » Ainsi, d'après cette dernière loi, la *missio in possessionem*, n'étant donnée qu'à ceux qui peuvent faire vendre les biens de leur débiteur, elle n'est pas accordée aux créanciers conditionnels ; donc, comme conséquence, la séparation des patrimoines se présentant toujours comme accessoire d'une procédure où l'on trouve la *missio in possessionem*, ne devrait pas pouvoir être permise aux créanciers conditionnels.

Doneau cherche à concilier ces deux textes en s'appuyant sur une loi empruntée aussi à Paul, qui prévoit et résout l'hypothèse suivante : un débiteur a plusieurs créanciers ; parmi ces créanciers, un seul demande l'envoi en possession des biens du débiteur, le préteur accorde cet envoi en possession. Quel effet va se produire ? L'envoi en possession profitera-t-il seulement au créancier qui l'a obtenu, ou bien tous les créanciers en bénéficieront-ils ? Il a paru naturel d'adopter cette seconde solution, parce que, dit le jurisconsulte, quand le préteur permet l'envoi en possession, il est censé le faire dans l'intérêt de tous les créanciers, et non pas exclusivement au profit du créancier qui l'a demandé. Etant donné ce texte, supposons que le débiteur ait en même temps des créanciers conditionnels et des créanciers purs et simples : un de ces derniers demande et obtient la *missio in possessionem ;* comme elle produit un effet général vis-à-vis de tous les créanciers, les créanciers conditionnels en profiteront. C'est le cas prévu par la loi 6. Si, au contraire, le créancier conditionnel est seul, il ne pourra pas obtenir l'envoi en possession. C'est dans cette hypothèse que se placerait Paul, quand il dit, dans la loi 14, que le créancier conditionnel n'est pas envoyé en possession: « *Creditor conditionalis in pos-* » *sessionem non mittitur.* »

Fabvre donne une explication qui contredit celle de Doneau. L'envoi en possession produisant un effet général, dit-il, quand cet envoi sera demandé par un créancier pur et simple, le créancier conditionnel n'aura aucun intérêt à le demander de son côté : c'est dans ce cas que Paul le lui refuse. S'il est seul, aucun autre créancier ne l'en faisant bénéficier en le deman--

dant pour son propre compte, il doit appartenir au créancier conditionnel de le faire prononcer.

Pour Cujas, il dit que si le créancier conditionnel est seul, il sera bien envoyé en possession, mais *sine effectu*. C'est l'hypothèse de la loi 14. S'il se trouvait d'autres créanciers demandant cet envoi, le créancier conditionnel serait, dans ce cas, envoyé en possession *cum effectu*. C'est ce que veut dire la loi 6. Pothier adopte l'explication de Cujas.

Ces explications sont sans doute ingénieuses ; mais il semble difficile de les admettre, quand on lit avec attention les textes mêmes empruntés à Paul. D'après la loi 6 du titre IV, le créancier conditionnel doit obtenir l'envoi en possession ; la loi 14 le lui refuse, et cette solution est motivée par cette considération, que l'envoi en possession ne peut appartenir qu'aux créanciers qui ont le droit de faire vendre les biens de leur débiteur.

Ce qui prive le créancier conditionnel de l'envoi en possession, ce n'est pas ce fait, qu'il se trouve avoir des cocréanciers qui obtiennent ce bénéfice pour lui, comme le soutient Fabvre, ou, au contraire, parce qu'il est seul, comme le disent Doneau et Cujas ; c'est le principe que les seuls créanciers, qui puissent obtenir l'envoi en possession, sont ceux qui ont le droit de faire vendre les biens de leur débiteur, et le créancier conditionnel ne se trouve pas dans cette classe.

Paul traite la question dans deux ouvrages différents : l'un, appelé *Ad edictum*, d'où est tirée la loi 6 ; l'autre que l'on désigne sous ce titre : *Quæstiones*, où l'on a été prendre la loi 14. Il n'a pas été du même avis dans ces deux circonstances ; il a changé d'opinion, et l'on a, au Digeste, reproduit les deux solutions, sans prendre garde qu'elles se contredisent.

Conformément à l'opinion exposée par Paul dans ses *Quæstiones,* nous croyons que les créanciers conditionnels ne peuvent pas prétendre à l'envoi en possession : tel est le principe. La loi établit une exception en faveur des créanciers d'une personne morte. Ils peuvent obtenir la séparation des patrimoines. Pour cela il faut qu'ils soient envoyés en possession, et cet envoi en possession, que les créanciers conditionnels ne peuvent pas avoir, la loi le leur accorde quand ils sont créanciers d'un défunt : « *Si creditores heredem sus-* » *pectum putent, satisdationem exigere possunt pro* » *suo debito reddendo cujus rei gratia cognoscere* » *prætorem oportet... quod si quasi suspectus satis-* » *dare jussus decreto prætoris non obtemperaverit,* » *hunc bona hereditatis possidere venumque dari* » *ex edicto suo permittere jubebit.* » (1)

Ainsi donc, les créanciers, tous les créanciers, car la loi ne distingue pas, pourront demander une caution. Si cette caution est refusée, le préteur leur accorde l'envoi en possession ; de la sorte, au lieu de la

___

(1) Dig., lib. XLII, tit. V, l. 34, Pr., § 3.—Le légataire, en vertu d'un legs conditionnel, peut aussi demander la séparation des patrimoines ; la loi ne lui refuse point ce bénéfice. — Dig., lib. XXXVI, tit. III, l. 1.

caution personnelle qu'on ne leur fournit pas, ils obtiennent une caution réelle consistant dans la possession des biens de la succession ; puis, nantis de cette possession, les créanciers pourront solliciter la séparation dans les formes que nous verrons plus tard.

V. — Certaines personnes sont rangées parmi les créanciers héréditaires, quoiqu'elles n'eussent point pu actionner le *de cujus*, de son vivant ; ainsi, le créancier d'une obligation qui devait naître à la mort du *de cujus*, qui s'engageait à payer une certaine somme à cette époque ; de même le fidéjusseur qui a payé après la mort de celui à qui il servait de répondant : « *Hereditarium œs alienum intelligitur etiam id de* » *quo cum defuncto agi non potuit : veluti quod is* » *cum moreretur daturum se promisisset. Item* » *quod is qui pro defuncto fidejussit post mortem* » *ejus solvit.* » (1) Ces personnes, comptant au nombre des créanciers héréditaires, jouiront du bénéfice de séparation des patrimoines.

VI. — De même que les créanciers, les légataires, nous le savons déjà, ont droit à la séparation des patrimoines (2). Comme pour les créanciers, cette séparation sera l'accessoire d'une expropriation dirigée contre l'héritier. Les légataires pourront demander que l'héritier leur fournisse une caution, faute de quoi le préteur leur accordera la *missio in possessionem* : « *Aut satisdabitur eis, aut si satis non datur, in*

____

(1) Dig., lib. XLII, tit. V, l. 7.
(2) Dig., lib. XLII, tit. VI, l. 6, Pr.

» *possessionem bonorum venire prætor voluit.* » (1)
« *Si non solvatur ab herede, vel eo nomine cavea-*
» *tur, cùm caveri oporteat, in possessionem omnium*
» *bonorum quæ ex ea hereditate sunt legatarium*
» *prætor legatorum servandorum causa mittit.* » (2)
Les légataires obtiennent l'envoi en possession comme
les créanciers ; puis, comme eux aussi, ils demandent la
séparation des patrimoines.

Une fois la séparation obtenue, les légataires auront
le droit d'être payés sur les biens de la succession,
sans que les créanciers personnels de l'héritier puissent
prétendre concourir avec eux ; il est naturel qu'il en
soit ainsi, car leur débiteur a reçu les biens composant la succession, à condition d'en acquitter les
charges. Mais, remarquons bien que leur position ne
sera point changée vis-à-vis des créanciers de la succession ; peu importe que ces derniers aient ou non
demandé la séparation des patrimoines, les légataires
ne pourront jamais être payés sur les biens de la succession qu'après les créanciers héréditaires ; la séparation les remet en l'état où ils étaient avant l'adition. A ce
moment, ils n'auraient pu être payés qu'après les créanciers du défunt, il en sera de même après la séparation ; le *de cujus* n'avait point pu faire des legs au
préjudice de ses créanciers : « *Nemo liberalis, nisi*
» *liberatus.* »

(1) Dig., lib. XXXVI, tit. III, l. 1, § 2.
(2) Dig., lib. XXXVI, tit. IV, l. 13.

Justinien accorda aux légataires une action hypothécaire. (1) Cette décision a été reproduite par l'art de
1017 de notre Code Civil ; seulement, la théorie romaine et celle de notre Code diffèrent en un point
essentiel. L'héritier, en droit romain, n'est tenu de
l'action hypothécaire que pour la part qu'il doit personnellement acquitter dans les legs ; l'art. 1017, par
une fausse application du principe de l'indivisibilité de
l'hypothèque, accorde au légataire une action hypothécaire pour le tout contre chaque héritier. (2)

VII. — Les textes prévoient quelques hypothèses
qu'il nous faut examiner. Dans la loi 3 du titre : *De
separationibus*, Papinien pose et résout une question
dont voici l'espèce : un créancier avait obtenu que,
pour la sûreté de sa créance, un fidéjusseur s'adjoi-
gnît au débiteur ; le fidéjusseur vient à mourir, laissant
pour héritier le débiteur qu'il avait cautionné, et qui
alors se trouve réunir en sa personne la double
qualité de débiteur principal et de fidéjusseur. Dans
cette situation, l'obligation accessoire du fidéjusseur
est éteinte, et l'obligation principale existe seule
désormais. Le fidéjusseur était solvable, tandis que le
débiteur principal est insolvable ; par l'effet de la
confusion, le créancier se trouve, vis-à-vis d'un débiteur insolvable, au même rang que tous ses autres

(1) Code, lib. VI, tit. XLIII, l. 3, § 2.
(2) Mourlon, tome II, n° 832. — Demante, tome IV,
n° 162. — Bugnet sur Pothier, tome VIII, page 305. —
Demolombe, tome IV, n° 675.

créanciers, dont il sera forcé de subir le concours. La séparation des patrimoines lui serait d'un grand secours , puisqu'elle lui permettrait de conserver, comme gage exclusif, les biens du fidéjusseur qui était solvable ; pourra-t-il l'obtenir ? Le texte répond affirmativement ; le créancier, en demandant un fidéjusseur, avait pris une précaution que lui conseillait la prudence, il ne faut pas qu'il perde le bénéfice qu'il devait retirer de sa vigilance : « *Neque enim ratio ju-* » *ris..... damno debet adficere creditorem qui sibi* » *diligenter prospexerat.* »

Si les biens du fidéjusseur ne suffisent pas pour désintéresser le créancier qui en a obtenu la séparation, ce dernier pourra-t-il, pour ce qui lui reste dû, concourir sur les biens de son débiteur principal avec les autres créanciers de ce dernier ? Là encore, la réponse du texte est affirmative. (1) Si les biens du fidéjusseur avaient été vendus de son vivant, le créancier qui, sur le produit de cette vente, n'aurait pas pu être entièrement payé, aurait eu le droit de concourir sur les biens du débiteur principal, avec les autres créanciers de ce dernier ; la séparation des patrimoines rendant au créancier le gage exclusif qui lui appartenait sur les biens du fidéjusseur , n'est pas un obstacle qui puisse empêcher ce créancier de poursuivre son débiteur principal, s'il ne trouve qu'une satisfaction incomplète dans le produit de la vente des biens du fidéjusseur.

(1) Dig., lib. XLII, tit. VI, l. 3, § 1.

VIII. — Supposons un héritier venu à la succession en vertu d'une substitution. Paul meurt, laissant un fils impubère et un testament dans lequel, après avoir donné ses biens à son fils, il lui substitue Primus, dans le cas où il mourrait impubère. Le fils meurt impubère et Primus, appelé en vertu de la substitution, fait adition. Primus est insolvable ; par conséquent, grand danger pour les créanciers du père de famille et pour ceux de l'impubère s'il en a, car les créanciers du substitué vont concourir avec eux ; on les préserve, tant ceux du père que ceux du fils, de ce concours, en leur accordant le bénéfice de la séparation des patrimoines. (1)

§ II

Nous avons dit que, pour obtenir la séparation, il y a certaines conditions, les unes relatives aux personnes qui demandent cette séparation, les autres relatives aux biens dont on demande la séparation. Nous avons examiné les premières, voyons maintenant celles qui ont trait aux biens.

Pour que la séparation soit possible, il est nécessaire que les biens, qui composent la succession et ceux de l'héritier, puissent être distingués ; s'il en était autrement, si cette distinction ne pouvait être faite, s'il existait entre eux une confusion qui empêchât de les reconnaître, la séparation des patrimoines ne pourrait pas être accordée.

(1) Dig., *De separationibus*, l. 1, § 7.

I. — En traitant de la procédure de la séparation, nous verrons qu'elle est collective, qu'elle s'exerce sur l'ensemble de la succession du défunt, et non pas sur tel ou tel bien pris en particulier. Si cependant, parmi les biens composant la succession, les uns étaient confondus avec ceux de l'héritier, et les autres, au contraire, demeuraient reconnaissables, la séparation pourrait être obtenue à l'égard de ces derniers. (1) Par biens héréditaires, il faut entendre tout ce que l'héritier trouve dans la succession du défunt, et tout ce qui lui vient *ex hereditaria causa,* par exemple, ce qui lui arriverait en vertu d'une créance conditionnelle qu'avait le défunt, et dont la condition s'accomplirait après la mort du *de cujus.*

II. — Si l'héritier, après avoir fait adition, venddes biens faisant partie de la succession, la séparation ne sera plus possible quant à ces biens ; s'il venait à vendre la totalité de ladite succession, la séparation serait complétement impossible : « *Ab herede vendita* « *hereditate separatio frustra desiderabitur,* » (2) mais il faut pour cela que la vente ait eu lieu de bonne foi : « *Utique si nulla fraudis incurrat suspicio.* » (3) Si l'héritier avait agi dans une intention frauduleuse ; si, connaissant son insolvabilité et supposant que les créanciers du défunt allaient demander la séparation, il s'était hâté de vendre pour les priver

(1) Dig., *De separationibus,* l. 1, § 12.
(2) Dig., *De separationibus,* l. 2.
(3) Dig., *De separationibus,* l. 2.

de cette ressource, les créanciers, ainsi frustrés de leur gage par la mauvaise foi de l'héritier, pourraient, en usant de l'action Paulienne, faire révoquer l'aliénation frauduleuse et demander ensuite la séparation. (1) Dans le cas où la vente aurait eu lieu de bonne foi, la séparation serait encore possible si le prix n'était pas versé aux mains de l'héritier, ou, si ce dernier, avec les deniers provenant de la vente, avait acquis des biens demeurés distincts de son avoir personnel ; le prix encore dû, ou les biens acquis avec le produit de la vente représentant l'objet aliéné, la séparation peut être exercée à leur sujet.

III. — Si, au lieu d'aliéner les biens de la succession, l'héritier les avait grevés d'hypothèques ou donnés en gage, cette circonstance ne ferait pas obstacle à la séparation ; les créanciers héréditaires pourraient l'obtenir, et elle produirait à leur égard les mêmes effets que si les biens étaient demeurés parfaitement libres aux mains de l'héritier. Sévère et Antonin l'avaient ainsi décidé dans un rescrit : « *Etiamsi obligata res* » *esse proponatur ab herede jure pignoris vel hy-* » *pothecæ, attamen, si hereditaria fuit, jure separa-* » *tionis hypothecario creditori potiorem esse eum* » *qui separationem impetravit.* » (2)

____

(1) Instit., lib. IV, tit. VI, § 6. Il faudrait aussi, pour que l'action Paulienne pût réussir, que l'acquéreur fut complice de la fraude de l'héritier.
(2) Dig., *De separationibus*, l. 1, § 3.

CHAPITRE II

PROCÉDURE DE LA SÉPARATION.

On sait de quelle excessive dureté étaient empreints à l'origine les moyens de coercition que le droit romain donnait aux créanciers vis-à-vis de leurs débiteurs. Cela se comprend, car le peuple qui, dans la loi des XII Tables, ce monument sacré de sa législation, avait adopté, comme principe de droit international, la maxime suivante : *Adversus hostem perpetua auctoritas,* ne devait pas être animé d'une grande douceur quand il établit les règles concernant les rapports des citoyens entre eux ; aussi, quand on examine les préceptes de son droit privé, y trouve-t-on bien souvent les traces de la violence qui était, dans les premiers temps surtout, un des côtés saillants du caractère romain. S'agissait-il, par exemple, d'amener devant la justice un adversaire quelque peu récalcitrant, un moyen très-simple se présenta de suite à l'esprit du législateur : la force brutale, *vocatio in jus obtorto collo.* L'emploi d'un bras vigoureux constitua à cette époque un acte de procédure. Quand on ne pouvait pas obtenir satisfaction d'un débiteur, on se faisait envoyer en possession de la personne de ce débiteur, on pouvait le vendre comme esclave, et, si cette vente ne s'opérait pas, le mettre à mort, se partager son corps « *secanto.* » (1)

Le droit prétorien, cherchant à tempérer le droit civil dans tout ce qu'il avait d'excessif, supprime l'envoi en possession de la personne ; l'envoi en possession des biens est désormais pratiqué. A partir de ce moment, le créancier qui veut obtenir l'envoi en possession s'adresse au préteur. Ce magistrat statue *cognita causa,* et par un décret prononce l'envoi en possession. Cette *missio in possessionem* constitue, vis-à-vis des créanciers qui l'ont obtenue, une sûreté qui est un véritable gage, un gage prétorien : « *Jussu magistratus pignus constituitur.* » Ce gage consiste précisément dans l'envoi en possession : « *Non aliàs constitui, nisi ventum fuerit in possessionem.* (2) Cet envoi en possession ayant eu lieu, les créanciers qu'il l'ont obtenu doivent conserver les biens pendant un certain temps : 30 jours, s'il s'agit des biens d'une personne vivante ; 15 jours, si ces biens sont ceux d'une personne morte. Puis, après avoir affiché la vente et choisi un *magister* qui sera chargé de la faire, on y procède, en vertu d'un second décret du préteur. (3)

' Voyons maintenant comment la séparation des patrimoines trouvera sa place dans cette procédure. Nous savons que les créanciers héréditaires, qui n'ont

(1) Loi des XII Tables.
(2) Dig., lib. XII, tit. VII, l. 26, § 1.
(3) Gaii, Comm. III, §§ 77 et suivants.
Dans certains cas, au lieu d'un *magister*, on nommait un curateur. — Dig., lib. XLII, tit. IV, l. 6, § 2.

pas confiance dans la solvabilité de l'héritier, peuvent demander l'envoi en possession. Ils s'adresseront au préteur qui, *cognita causa*, les enverra en possession des biens ayant appartenu au défunt. Si, après avoir obtenu cet envoi en possession, ils suivaient la marche que nous avons indiquée tout à l'heure, c'est-à-dire la nomination d'un *magister* et la vente faite par ce *magister*, qu'adviendrait-il ? Les biens ayant appartenu au défunt étant vendus, les créanciers de l'héritier viendraient concourir sur le prix de ces biens avec les créanciers de la succession. En effet, par suite de l'adition, il n'y a plus qu'une seule masse de biens et qu'une seule classe de créanciers, qui tous sont créanciers de l'héritier ; ils ont donc tous les mêmes droits sur le prix provenant de la vente d'un bien pris dans cette masse. Pour empêcher ce résultat, les créanciers héréditaires auront recours à la séparation des patrimoines.

Voici la marche de la procédure. Après avoir obtenu l'envoi en possession, les créanciers s'adressent au préteur ou au *præses provinciæ*, (1) et sollicitent de lui la séparation des patrimoines. Le magistrat l'accorde en statuant *cognita causa*. Une fois la séparation obtenue, on annonce la vente au moyen d'affiches : *Jubet prætor proscribi*. (2) Les créanciers sont convoqués, et on nomme un *magister* ; quand le

(1) Code, lib. VII, tit. LXXII, l. 2. — Dig., *De separationibus*, l. I, § 14.
(2) Gaii Comm. III, § 79.

délai de 30 jours depuis l'envoi en possession est expiré, on sollicite un second décret du magistrat pour en arriver à la vente qui est faite par le ministère du *magister*. (1)

Comme on le voit, la séparation se présente accessoirement à une expropriation forcée ; les textes qui parlent de la séparation s'en occupent à propos de la vente des biens. (2) Elle est demandée et obtenue entre le décret du préteur qui accorde l'envoi en possession et celui qui permet la vente. Si les biens n'étaient pas séparés avant la vente, le produit qu'on en retirerait devrait profiter tant aux créanciers personnels de l'héritier, qu'aux créanciers de la succession.

La procédure qui vient d'être indiquée ne s'applique point à la séparation accordée dans les différentes hypothèses, que nous avons parcourues en commençant ce travail : séparation accordée à l'héritier nécessaire, à l'héritier fiduciaire, etc. Elle est spéciale à la séparation demandée par les créanciers et légataires. Il faut ajouter, cependant, la séparation accordée aux créanciers d'un fils de famille, ayant un pécule *castrens ;* car, pour eux, comme pour les créanciers et légataires du défunt, cette séparation apparaît comme accessoire d'une expropriation forcée.

La séparation des patrimoines est collective, elle ne porte pas sur tel ou tel bien du défunt pris isolément,

(1) Quant à la nécessité de ces deux décrets du préteur, voir au Digeste, livre XLII, titre V, loi 31, § 3.
(2) *De separationibus,* l. 1, §§ 8, 9.

mais sur l'ensemble des biens faisant partie de la succession. La vente que le préteur permettait de faire était appelée *emptio bonorum*, et portait, comme l'envoi en possession, sur l'ensemble des biens du défunt : c'était un mode d'acquisition *per universitatem*.

Un texte de Gaïus nous apprend que, lorsqu'il s'agit de vendre les biens d'une personne illustre *(cum claræ personæ, veluti senatoris vel uxoris ejus, in ea causa sit ut ejus bona venire debeant)*, on faisait usage, pour ce cas spécial, de la *distractio bonorum*, qui était une vente en détail. La procédure formulaire disparaissant, l'*emptio bonorum* tomba peu à peu en désuétude ; cette *distractio*, dont Gaïus nous parle comme d'une exception, devint la règle générale pour les ventes par suite d'expropriation. Justinien nous dit qu'il en fut ainsi quand parut le système des *Judicia extraordinaria* (1). L'envoi en possession portait toujours sur l'universalité des biens ; mais la vente n'avait lieu qu'en détail, jusqu'à satisfaction du créancier : « *Tantummodo creditoribus datur officio* » *judicis bona possidere, et, prout utile eis visum* » *fuerit ea disponere.* »

Désireuse de protéger les intérêts des créanciers et de sauvegarder en même temps le crédit de l'héritier, la législation romaine n'avait pas voulu que ce dernier restât perpétuellement exposé à une

____

(1) Instit., lib. III, tit. XII, Prooem.

action en séparation de la part des créanciers de la succession. Ces créanciers avaient cinq ans pour demander cette séparation; mais, s'ils laissaient passer ce délai sans user du recours que la loi mettait à leur disposition , ils étaient déchus ; *jura vigilantibus prosunt :* « *Quod dicitur post multum temporis sepa-* » *rationem impetrari non posse, ita erit accipien-* » *dum , ut ultra quinquennium post aditionem* » *numerandum, separatio non postuletur.*» (1) Pendant cinq ans, à partir de l'adition, les créanciers héréditaires et les légataires pourront, en se servant de la procédure indiquée plus haut, se faire envoyer en possession , demander la séparation, et arriver à la vente des biens de leur débiteur dans leur intérêt exclusif. S'ils n'agissent pas de la sorte, ils se trouveront , à l'expiration des cinq ans, dans la même situation que les créanciers personnels de l'héritier ; ils concourront avec eux sur les biens du défunt, comme aussi, d'ailleurs, sur les biens propres de l'héritier.

----

(1) Dig., *De separationibus*, l. 1, § 13.

CHAPITRE III

DES EFFETS DE LA SÉPARATION DES PATRIMOINES (1).

La justice, d'accord avec la logique, voulait qu'un remède fût apporté aux conséquences de la confusion produite par l'adition de l'hérédité ; car il est inique que cette adition, œuvre de l'héritier, vienne favoriser ses créanciers personnels au détriment de ceux de la succession, et il est naturel que ces derniers, ayant traité avec le défunt seul, ne soient pas obligés de devenir désormais les créanciers de l'héritier. La séparation des patrimoines remplit le but désiré, en venant rendre au gage des créanciers de la succession et des légataires le caractère exclusif que l'adition lui avait enlevé. La séparation obtenue, tout se passe comme si le *de cujus* vivant encore, l'exécution forcée par l'envoi en possession et la vente des biens avait lieu contre lui ; les biens sont donc vendus, et le produit de cette vente, attribué aux créanciers héréditaires.

(1) Ce que nous allons dire, quant aux effets de la séparation, ne s'applique qu'à la séparation accordée aux créanciers et légataires du défunt, et aux créanciers du fils de famille, ayant un pécule *castrens*, comme on l'a déjà fait observer à propos de la procédure.

Les légataires seront aussi payés, mais dans le cas seulement où il restera quelque chose, après que les créanciers auront reçu le montant total de ce qui leur est dû (1). Il ne faut pas oublier, en effet, que le *de cujus* ne doit rien aux légataires ; de lui à eux, le legs constitue une pure libéralité. Mais si le legs n'est pas une dette pour le défunt, il est cependant une charge de la succession, d'où la protection accordée aux légataires à l'appui du droit qu'ils ont d'exiger la délivrance de leurs legs ; protection dont toutefois l'effet est subordonné au paiement intégral des créanciers, au cement les libéralités du défunt auraient été faites avec l'argent d'autrui, ce que la loi ne peut pas permettre.

Ce qui vient d'être dit des legs s'applique aussi aux fidéicommis. Ne constituant à l'origine aucune obligation pour l'héritier ; mais, laissé entièrement à sa foi et à son respect pour la mémoire du défunt, le fidéicommis devint obligatoire sous Auguste ; Justinien l'assimila au legs. (2)

Si parmi les créanciers, il y en avait quelques-uns au profit desquels une hypothèque eût été consentie, ils seront payés avant les créanciers chirographaires, et, entre les différents créanciers hypothécaires, on suivra l'ordre dans lequel les hypothèques ont été constituées, en commençant par la plus ancienne, *prior*

(1) Dig., *De separationibus*, l. 6, Proœm.
(2) Instit., lib. II, tit. XXIV, § 12. — Code, lib. VI, tit. XLIII.

tempore, prior jure. Quant aux créanciers chirographaires, ils concourront entre eux. En définitive, la
séparation des patrimoines ne change en aucune façon
les rapports des créanciers du défunt entre eux. Par
la séparation, ils repoussent le concours des créanciers
de l'héritier, concours qui leur serait nuisible ; mais
entre eux, créanciers du défunt, aucune modification
n'est introduite.

Comme nous l'avons déjà dit, chacun des créanciers
du défunt peut prendre le parti qui lui convient ; rien
ne s'oppose, en effet, à ce que les uns demandent la
séparation des patrimoines, tandis que les autres ac-
ceptent l'héritier pour débiteur. Chacun sera traité
d'après la position qu'il se sera faite ; ceux qui ont demandé la séparation conserveront leur droit exclusif
sur les biens de la succession ; ceux qui ont suivi la
foi de l'héritier compteront désormais parmi ses créanciers personnels. (1) Mais, de ce que quelques-uns de
ces créanciers ont suivi la foi de l'héritier, il n'en ré-
sultera pas un bénéfice pour ceux qui ont demandé la
séparation des patrimoines; ils ne toucheront que la
part qui leur serait revenue si l'exécution forcée sur
les biens de leur débiteur avait eu lieu du vivant de
ce dernier. Le dividende qui serait échu aux créanciers
qui ont suivi la foi de l'héritier, se réunira aux biens
de cet héritier et sera partagé entre ses créanciers personnels, parmi lesquels se placent, nous le savons, ceux

(1) Dig., *De separationibus*, l. I, § 16.

des créanciers de la succession qui ont accepté l'héritier pour débiteur.

Peut-être, après le paiement des créanciers et des légataires, restera-t-il quelque chose des biens qui ont appartenu au défunt. Dans ce cas, le droit commun reprend son empire ; la séparation des patrimoines n'ayant plus sa raison d'être quant à ces biens, les effets de l'adition retrouvent leur force en ce qui touche l'héritier ; ces biens lui retournent donc pour servir au paiement de ses créanciers personnels, à qui on ne peut pas imputer la séparation, puisqu'ils ne l'ont pas demandée. (1)

Nous allons examiner maintenant une question importante qui se pose à propos de l'hypothèse suivante : Une personne meurt laissant une succession qui n'est pas complétement solvable, mais dont la valeur est assez considérable pour faire espérer aux créanciers un dividende important. L'héritier fait adition. Peu confiants dans la solvabilité de cet héritier, et craignant que le concours de ses créanciers personnels ne vienne diminuer le dividende sur lequel ils comptent, les créanciers du *de cujus* sollicitent et obtiennent la séparation des patrimoines ; ils font procéder à la vente et reçoivent un dividende. Mais ils ont fait un mauvais calcul ; l'héritier dont ils croyaient la fortune plus qu'absorbée par des dettes, est, au contraire, parfaitement solvable ; et, après qu'il a payé ses dettes, il lui

____

(1) Dig., *De separationibus*, l. I, § 17.

reste une partie de ses biens, suffisante pour payer aux créanciers héréditaires ce qui leur reste dû. Ces créanciers seront-ils obligés de subir les conséquences de la position qu'ils se sont faite ; pourront-ils, au contraire, après avoir, dans un sentiment de défiance pour l'héritier et d'exclusion à l'égard de ses créanciers, demandé la séparation des patrimoines, revenir sur leur décision et faire annuler les effets de cette séparation ? Telle est la question. Paul et Ulpien l'ont résolue ; Papinien donne aussi une solution. Voyons s'il est vrai, comme on le soutient généralement, qu'il est en désaccord avec eux.

Paul et Ulpien sont d'avis que, non-seulement la séparation des patrimoines préserve les créanciers héréditaires du concours des créanciers personnels de l'héritier, mais aussi qu'elle rend désormais l'héritier complétement étranger aux créanciers qui ont demandé cette séparation. Ils s'expriment en termes catégoriques. Après la séparation, il y a deux patrimoines, celui du défunt, celui de l'héritier ; ils sont vendus comme biens distincts : « *Quasi duorum fieri* » *bonorum venditionem.* » (1) Les créanciers héréditaires peuvent-ils prétendre obtenir quelque chose du patrimoine de l'héritier ? Non. L'adition d'hérédité leur donnait un nouveau débiteur dans la personne de l'héritier ; ils l'ont repoussé ; ils lui ont fait l'injure de le croire insolvable, et de prendre contre cette pré-

_____

(1) Dig., *De separationibus*, l. 1, § 1.

tendue insolvabilité une mesure outrageante pour la réputation de l'héritier et attentatoire à son crédit. Ils se sont trompés, cette mesure était inutile, ils en sont dupes ; qu'ils supportent les conséquences de leur imprudence. (1) Pourquoi n'ont-ils pas pris de renseignements plus précis ? ils ont agi avec trop de précipitation, ils auraient dû, avant de demander la séparation des patrimoines, s'assurer si elle était véritablement indispensable à leurs intérêts : « *Qui impe-* » *travit separationem sibi debet imputare suam fa-* » *cilitatem, si cum essent bona idonea heredis, ille* » *maluerit bona potius defuncti sibi separari.* » (2) La séparation n'est pas un simple recours, que le préteur accorde aux créanciers du *de cujus* ; elle produit aussi cet effet de les rendre étrangers à la personne et aux biens de l'héritier ; ils n'ont pas voulu de l'héritier pour débiteur, *recesserunt a persona heredis;* ils se sont séparés des biens de l'héritier, *separatio eos ab istis bonis separavit*; ils n'ont voulu pour gage que les biens du défunt, *bona secuti sunt;* qu'ils s'en contentent donc et subissent les inconvénients d'une situation qu'ils ont créée : « *Non poterunt reverti ad* » *heredem, sed eo quod semel postulaverunt stare* » *debent.* » (3)

A ces conséquences rigoureusement logiques, on apportait un tempérament qui nous est indiqué

---

(1) Dig., *De separationibus*, l. 5.
(2) Dig., *De separationibus*, l. 1, § 17.
(3) Dig., *De separationibus*, l. 5.

par Ulpien. Si la demande en séparation avait été faite par suite d'une erreur, parce que les créanciers croyaient et devaient nécessairement croire l'héritier insolvable, dans ce cas, l'erreur qu'ils ont commise peut motiver, à leur égard, une certaine indulgence et permettre de ne pas faire produire à la séparation des effets qui leur seraient nuisibles. Mais remarquons-le bien, ils ont commis une faute, et c'est une grâce qu'on leur accorde, *impetrare veniam possunt*, et, pour qu'ils l'obtiennent, il faut qu'ils n'aient pas pu éviter l'erreur dans laquelle ils sont tombés : « *Justis-* » *sima scilicet ignorantiæ causa allegata.* » (1)

Papinien n'est pas d'un avis contraire à Paul et à Ulpien. Il propose seulement une solution mitigée. Nulle part, il n'a dit que, malgré la séparation des patrimoines, l'effet de l'adition continuerait à exister dans toute sa force ; que les créanciers héréditaires demeureraient créanciers personnels de l'héritier, et viendraient le poursuivre sur ses biens, non pas après désintéressement des créanciers propres de cet héritier, mais en concours avec eux. Il dit simplement qu'il serait assez juste d'autoriser le recours des créanciers héréditaires sur les biens de l'héritier, après complet paiement des créanciers personnels de ce dernier. Les termes mêmes qu'il emploie font facilement découvrir sa pensée. Voici comment il s'exprime : « *Sed in cre-* » *ditore qui separationem impetravit, probari com-*

____

(1) Dig., *De separationibus*, 1. 1, § 17.

» *modius est, ut si solidum ex hereditate servari*
» *non possit, ita demum aliquid ex bonis heredis fe-*
» *rat, si proprii creditores heredis fuerint dimissi ;*
» *quod sine dubio admittendum est circa creditores*
» *heredis, dimissis hereditariis.* » (1) Les créanciers
héréditaires pourront-ils recourir sur les biens de l'héritier? Ce serait équitable, répond-il, *commodius pro-*
bari ; mais ce n'est pas là un principe de droit strict,
qui, dans la force de sa logique, s'impose sans laisser
de possibilité au doute. Quand Papinien pose un
axiôme de ce genre, il s'exprime d'une façon positive
et affirmative, comme nous le voyons dans le texte
même : *sine dubio admittendum est !* Mais, dans le
cas qui nous occupe, il parle avec plus de réserve, et
pour ainsi dire avec timidité ; cette différence d'expression que l'on rencontre dans la même phrase paraît caractéristique. S'inclinant devant le droit pur,
dont le principe est énoncé par Paul et Ulpien, il propose une solution plus douce, plus avantageuse pour les
créanciers héréditaires, car c'est bien là ce que signifie ce terme : *commodius.*

On est donc fondé à dire que la séparation des patrimoines enlève aux créanciers qui l'ont obtenue la
possibilité de recourir sur les biens de l'héritier, si ceux
de la succession ne suffisent pas à les désintéresser.
C'est là le vrai principe romain, principe que Papinien
ne repousse pas, mais auquel il propose d'apporter un
tempérament dans l'intérêt des créanciers héréditaires.

(1) Dig., *De separationibus,* l. 3, § 2.

DEUXIÈME PARTIE

De la séparation des patrimoines dans notre ancien droit et notre droit intermédiaire.

CHAPITRE I

SÉPARATION DES PATRIMOINES DANS NOTRE ANCIEN DROIT.

S'inspirant des règles de la législation romaine, notre ancienne jurisprudence avait aussi admis la séparation des patrimoines. Dans les pays de droit écrit, où le droit romain était adopté comme loi, cette théorie avait trouvé une application toute naturelle; et il est à remarquer qu'elle avait été admise presque universellement même par les pays de coutume. Mais la coutume de Hainaut, nous dit Merlin (1), repoussait la sé-

(1) Merlin, répertoire, *Séparation des patrimoines*, § 1.

paration des patrimoines ; aussi, le Parlement de Flandre, qui suivait cette coutume, ne permettait point de l'obtenir, ce qui résulte d'un arrêt dudit Parlement, rendu au mois de juin 1672, cité par Merlin dans son répertoire. Sauf cette exception, tous les pays coutumiers faisaient usage de la séparation des patrimoines.

Un grand nombre des hypothèses dans lesquelles nous avons vu le droit romain accorder la séparation, n'existent plus désormais. Elle appartient, croyons-nous, aux créanciers de l'héritier, elle est certainement donnée aux créanciers et légataires de la succession, qui seuls en jouiront dans notre droit intermédiaire et sous l'empire de notre Code Civil.

SECTION I

QUELLES PERSONNES ONT DROIT DE DEMANDER LA SÉPARATION.

Tous les créanciers et tous les légataires peuvent demander la séparation, que leur droit soit pur et simple, ou à terme, ou sous condition ; sur ces différents points, les solutions sont les mêmes qu'en droit romain ; il est, par conséquent, inutile de répéter ici ce qui déjà a été dit plus haut.

I. — Lebrun, dans son Traité des Successions (1),

(1) Lebrun, *Succession,* livre IV, chap. II, section III, n° 12.

pose la question de savoir si les créanciers hypothécaires jouiront, comme les créanciers chirographaires,
du droit de demander la séparation des patrimoines.
Sa réponse est affirmative, et il devait en être ainsi,
car les créanciers hypothécaires ont, malgré leur
hypothèque, un intérêt très-grand à demander la
séparation.

Dans la plupart des Parlements, les meubles n'étaient
pas susceptibles d'hypothèque ; aussi, le créancier
hypothécaire, dont l'hypothèque ne serait pas suffisante à garantir complétement la créance, et qui, pour
arriver à être intégralement payé, voudrait recourir
sur les meubles de la succession, serait obligé de
souffrir sur le mobilier le concours des créanciers
personnels de l'héritier ; la séparation des patrimoines
est pour lui un moyen d'éviter cet inconvénient.
Même dans le ressort des Parlements qui permettaient
d'hypothéquer les meubles (les Parlements de Rennes,
de Rouen et de Toulouse), le créancier hypothécaire
trouvait, dans la séparation des patrimoines, une
garantie très-importante ; car, sans elle, il pouvait
être primé par un créancier hypothécaire de l'héritier
nanti d'une hypothèque générale antérieure à la
sienne, laquelle hypothèque porterait sur la totalité
des biens formant la succession. (1)

______

(1) L'hypothèque était constituée par acte reçu par un
notaire, et cet acte produisait une hypothèque générale sur
tous les biens du débiteur.

Quoiqu'ayant une hypothèque, les légataires sont aussi très-fortement intéressés à obtenir la séparation; en effet, l'hypothèque qu'ils ont sur les biens de la succession, ne datant que du décès du *de cujus*, ils pourraient se trouver primés par un créancier de l'héritier ayant une hypothèque générale antérieure à cette époque.

II. — En droit romain, nous le savons, les créanciers de l'héritier n'avaient point le droit de demander la séparation des patrimoines ; voyons comment notre ancien droit avait résolu cette question. Lebrun reproduit la théorie romaine : il voit une très-grande différence entre les créanciers du défunt et ceux de l'héritier ; car, dit-il : « L'état des affaires du défunt
» étant réglé par sa mort, et étant assez à propos de
» dire que de ce moment ses biens ni ses dettes ne
» peuvent plus augmenter ni diminuer, ce serait
» injustement que, malgré ses créanciers, l'héritier
» confondrait le tout en s'immisçant dans les biens
» sans compte ni mesure, et voilà ce que l'on permet
» aux créanciers du défunt d'empêcher en demandant,
» en temps et lieu, la séparation des biens. Mais quels
» droits les créanciers d'un homme vivant ont-ils
» d'empêcher que, par une adition d'hérédité, il
» n'ajoute de nouvelles dettes à ses anciennes ? » (1)

Ainsi, suivant Lebrun, l'héritier, quoique débiteur, avait parfaitement pu contracter de nouvelles dettes,

______

(1) Lebrun, *Succession*, livre IV, chap. II, section I, n° 16.

ses créanciers ne pouvaient pas lui interdire cette faculté ; mais, sachant que tel était son droit, ils devaient exiger des sûretés qui les garantiraient contre cette éventualité ; ils ne l'ont pas fait, c'est une faute ; qu'ils portent la peine de leur négligence, *jura vigilantibus prosunt*. Cependant, Lebrun rappelait qu'une exception avait été admise en droit romain pour le cas où l'héritier avait fait adition en fraude de ses créanciers ; ces derniers avaient alors la ressource de s'adresser au préteur pour faire révoquer l'adition.

Mais nous avons vu combien ce recours devait être d'un usage peu fréquent, car les textes qui en parlaient prenaient soin de dire que c'était avec difficulté qu'on l'admettait : *quod non facile admissum est.* Lebrun est d'avis que cette action révocatoire soit accordée. Si, dit-il : « un héritier était convaincu de cette » fraude, et cela par des circonstances évidentes, il » y aurait lieu de permettre cette action extraordinaire » à ses créanciers, ce qui doit aussi être admis fort » rarement, n'y ayant rien de plus naturel et de » moins suspect que de se porter héritier d'un défunt » dont la succession est déférée par la coutume. » Lebrun a raison ; cette action révocatoire devait être d'un usage très-rare. Quoi de plus difficile, en effet, que de prouver dans ce cas la fraude de l'héritier, sous la condition d'invoquer des circonstances évidentes ; aussi, ce recours que Lebrun, par imitation du droit romain, accordait aux créanciers de l'héritier, devait être à peu près illusoire.

Lebrun refusait donc aux créanciers de l'héritier le bénéfice de la séparation des patrimoines. Cette opinion; que ce jurisconsulte soutenait avec beaucoup d'énergie, n'était pas généralement admise ; la plupart des Parlements et un grand nombre de jurisconsultes la repoussaient formellement. A l'appui de la solution admise par la jurisprudence, à cette époque, on cite un arrêt du Parlement de Paris, du 14 août 1625, jugeant que la séparation de biens appartient aux créanciers de l'héritier comme à ceux du défunt. On peut donc poser en principe que notre ancienne jurisprudence, s'écartant en cela du droit romain, accordait aux créanciers de l'héritier le bénéfice de la séparation des patrimoines.

Une distinction devait cependant être faite, croyons-nous , entre les créanciers chirographaires et les créanciers hypothécaires ; ces derniers ne devaient point pouvoir demander la séparation, parce que, comme le fait très-bien observer Lebrun, ce bénéfice leur était inutile. En effet, Henri II avait, en février 1549, rendu une ordonnance qui établissait, au profit des créanciers hypothécaires de l'héritier, un droit de préférence opposable aux créanciers du défunt, et ces derniers ne pouvaient obtenir d'hypothèque sur les biens de l'héritier, qu'après avoir signifié aux créanciers dudit héritier les titres exécutoires qu'ils avaient contre lui, signification qui ne peut avoir lieu, cela se comprend , qu'après l'ouverture de la succession. Ainsi, les créanciers de l'héritier ayant une hypothèque, dont la date est antérieure à l'ouverture de la succession, n'ont rien à craindre de la confusion des patrimoines, puisqu'ils primeront toujours, par leur rang hypothécaire, les créanciers que cette confusion donnerait à l'héritier.

SECTION II

QUAND DOIT ÊTRE FORMÉE LA DEMANDE EN SÉPARATION. — QUELLES EN SONT LES FORMALITÉS ?

I. — Le droit romain, comme nous l'avons vu plus haut, ne permettait de demander la séparation des patrimoines que pendant cinq ans, à compter de l'adition de la succession. Quelle règle suivait à cet égard notre ancienne jurisprudence ? S'appuyant sur de nombreuses autorités, Merlin nous dit que, dans la plus grande partie de la France, on repoussait ce délai du droit romain. Lebrun en donne la raison ; il dit qu'en France : « on tient pour maxime de n'admettre aucune des prescriptions du droit romain, si » elle n'est confirmée par l'ordonnance ou par la cou» tume. » (1)

En Belgique, où l'on appliquait le droit romain avec une scrupuleuse exactitude, on avait adopté la prescription de cinq ans. La coutume d'Artois avait pendant longtemps suivi les mêmes errements, qu'elle

______
(1) Lebrun, livre IV, chap. II, sect. I, n° 24.

finit par abandonner vers la fin du dix-septième siècle. (1)

On voit donc que notre ancienne jurisprudence n'admettait point la prescription romaine, et accordait la séparation des patrimoines, bien qu'elle fut demandée à une époque éloignée de l'ouverture de la succession. Pour cela trois conditions étaient nécessaires ; nous allons les examiner.

1° La séparation devait être demandée avant que le patrimoine du défunt fût confondu avec celui de l'héritier ; du moment qu'il existait entre ces deux patrimoines une confusion, qui empêchait qu'on pût les reconnaître, la séparation n'était plus possible. Un inventaire mettait obstacle à cette confusion, quant aux meubles ; mais il pouvait fort bien se faire que cet inventaire n'eût pas lieu, car Lebrun prend soin de nous dire qu'il n'était pas exigé : « sans inventaire, » tandis que les biens se peuvent distinguer, la sépa- » ration a toujours lieu. » (2) Au reste, la confusion de certains biens de la succession avec le patrimoine de l'héritier n'empêche pas l'exercice de la séparation sur les autres biens du défunt. (3)

2° Il faut aussi que les choses soient entières , c'est-à-dire que le créancier du défunt n'ait point, en traitant avec l'héritier, opéré novation ; qu'il n'ait point fait avec lui un acte démontrant que, désormais, il

<hr>

(1) Merlin, *Séparation*, § 3, n° 5.
(2) Lebrun, livre IV, chap. II, sect. I, n° 22.
(3) Merlin, *Séparation*, § 3, n° 1.

entend accepter l'héritier pour débiteur. Cette volonté sera suffisamment manifestée, si l'acte en question ne pouvait être fait qu'entre un créancier et un débiteur ; par exemple, si le créancier se fait donner un gage par l'héritier, s'il exige de lui une caution.

3° Il faut enfin que les biens, à propos desquels la séparation est demandée, se trouvent encore entre les mains de l'héritier ; la séparation ne serait donc plus possible, si l'héritier avait vendu les biens. Nous reviendrons tout à l'heure sur ce point.

II. — Relativement à la procédure, une différence notable existe entre la séparation des patrimoines du droit romain et celle de notre ancienne jurisprudence. En droit romain, nous le savons, la séparation se présente comme accessoire de l'expropriation forcée ; elle intervient avant la vente, et a pour effet d'attribuer d'une façon exclusive le prix des biens séparés aux créanciers qui auront obtenu la séparation. La poursuite en expropriation se présente donc toujours comme la procédure principale, à propos de laquelle intervient la séparation des patrimoines. Dans notre ancien droit, au contraire, la séparation donne lieu à une procédure spéciale et parfaitement distincte de l'expropriation ; elle est mise au service des créanciers de la succession et des légataires, pour leur conserver une sûreté qu'ils avaient du vivant de leur débiteur, et leur procurer l'avantage de ne pas souffrir le concours des créanciers de l'héritier sur les fonds provenant de la vente des biens du *de cujus*.

Comme vestige de l'intervention du préteur, que nous avons rencontrée en droit romain, notre ancienne jurisprudence avait imposé aux créanciers qui voulaient obtenir la séparation des patrimoines, l'obligation de se munir de lettres de chancellerie. Mais peu à peu les lettres de chancellerie furent abandonnées, comme nous le dit Lebrun : « L'on prenait autrefois des » lettres de chancellerie pour cette séparation , mais » cela s'est aboli par un usage contraire. » (1) Quelle fut la forme suivie depuis lors ? Nos vieux auteurs ne sont pas d'accord sur ce point. Lebrun dit catégoriquement que « la séparation avait lieu de plein droit, » et n'était pas sujette à demande. » (2) Pothier dit, au contraire, qu'il fallait s'adresser au juge. Ferrière donne une solution intermédiaire ; il dit que « la » demande en séparation n'est pas beaucoup néces- » saire, mais c'est l'usage. » (3) C'est lui qui probablement est dans le vrai ; la demande en séparation n'était pas nécessaire, la loi ne l'exigeait pas, mais cependant il était d'usage de la faire. (4)

(1) Lebrun, livre IV, chap. I, section I, n° 25.
(2) *Idem.*   n° 24.
(3) Ferrière, *Recueil et avis des coutumiers sur la coutume de Paris*, tome II, p. 1155, n° 34.
(4) La séparation ne se présente plus comme accessoire de l'expropriation ; la saisine produisant toujours ses effets, il n'est plus question de vendre deux masses de biens, l'une comme biens du défunt, l'autre comme biens de l'héritier ; il n'y a plus, en conséquence, de *missio in possessionem ;* l'héritier n'est plus dessaisi des biens de la succession ; la séparation a perdu la nature collective qu'elle avait en droit romain ; on peut, dès lors, faire porter la séparation sur les biens de la succession pris individuellement.

SECTION III

SUR QUELS BIENS SE PRODUIT LA SÉPARATION.

En principe, tous les biens de la succession, meubles ou immeubles, sont susceptibles d'être séparés au profit des créanciers du *de cujus*. Quelques biens cependant font exception à la règle qu'on vient de poser ; pour d'autres, il est assez difficile de dire au premier abord si on doit les ranger dans la règle ou dans l'exception. Nous allons, à ce propos, examiner quelques hypothèses.

I. — Et d'abord, la séparation peut-elle avoir lieu à l'égard de biens qui se trouvent dans la succession du *de cujus* par l'effet d'un rapport ? Primus a, de son vivant, donné le fonds A à Secundus, un de ses fils ; à la mort de son père, Secundus venant à la succession, conjointement avec ses frères, rapporte le fonds A, qui se trouve alors faire partie de la succession de Primus. Les créanciers de Primus, qui demandent la séparation des patrimoines, pour se garantir du danger auquel les exposerait le concours des créanciers personnels des héritiers, pourront-ils faire séparer à leur profit l'immeuble A, rapporté à la succession paternelle par Secundus ? La question avait fait doute. Nous trouvons, dans Lebrun, la discussion de ce point de droit et l'exposé des arguments fournis dans l'un et l'autre sens. Un arrêt, rendu le 9 mai 1615, et que cet auteur cite, sans en indiquer la provenance, avait décidé que les biens rapportés pourraient être séparés au profit des créanciers du *de cujus*. Ces biens sont remis dans la masse ; ils font partie de la succession ; et, comme tels, ils doivent être atteints par la séparation qui, en principe, porte sur tous les biens de cette succession.

La doctrine contraire était celle de Lebrun, et ce jurisconsulte était dans le vrai. En effet, le rapport a été institué pour rétablir légalité entre cohéritiers, et par conséquent dans l'intérêt de ces cohéritiers seuls ; c'est vis-à-vis d'eux seulement que la chose donnée est réputée rentrée dans la succession. Le rapport est dû par les cohéritiers entre eux ; jamais il n'a été considéré comme établi au bénéfice des créanciers ; pour eux donc, la chose donnée est sortie du patrimoine du *de cujus*, elle ne fait pas partie de leur gage ; et bien que, par l'effet du rapport, cette chose soit rentrée dans la succession, la séparation ne pourra en aucune façon l'atteindre. Le premier système manque de logique ; car, s'armant d'un avantage que la loi accorde aux cohéritiers, elle le retourne contre eux, en mutile les effets à leur égard, pour en faire profiter les créanciers du *de cujus*, que le rapport n'a nullement pour but de protéger.

II. — L'héritier, une fois en possession de la succession, peut faire ce que bon lui semble des biens qui la composent ; les vendre, par exemple. Supposons qu'il prenne ce parti, que se produira-t-il ? Les biens aliénés ayant cessé d'être en la possession de l'héritier, la séparation ne sera plus possible, comme nous l'avons déjà indiqué plus haut, et nous savons aussi que le droit romain donnait la même solution pour le cas qui nous occupe. Mais, malgré la vente, le créancier du *de cujus* a encore une ressource. On admet, en effet, que si le prix du bien aliéné est encore dû, la créance de ce prix représente, dans la succession, les biens que l'aliénation en a fait sortir ; et, comme cette créance est parfaitement reconnaissable, le créancier peut à son égard demander la séparation. Si le prix avait été versé entre les mains de l'héritier, il s'opérait alors une confusion qui mettait obstacle à la séparation ; il est vrai que, même dans ce cas, Voët accordait la séparation si les deniers versés par l'acquéreur pouvaient être distingués de ceux de l'héritier. Cette hypothèse devait être tellement rare, dans la pratique, qu'on peut la regarder comme presqu'impossible. Il est peu probable qu'on s'y soit arrêté à cette époque, et l'on peut dire qu'alors, comme maintenant, le paiement fait entre les mains de l'héritier opérait une confusion qui rendait impossible la séparation.

III. — Si, au lieu de vendre des biens faisant partie de la succession, l'héritier avait procédé à un échange, il faudrait, pour savoir si la séparation est possible, se baser sur les principes qui viennent d'être exposés relativement à la vente. Si le bien acquis en contre-échange par l'héritier s'est confondu avec ses biens personnels, la séparation devient impossible ;

mais s'il est demeuré distinct de son patrimoine, cette séparation pourra, au contraire, avoir lieu. De même que, dans le cas de vente, la créance du prix représente le bien aliéné, de même aussi, dans l'hypothèse d'un échange, le bien acquis par l'héritier représente celui dont il s'est défait, et lui est subrogé. C'est donc sans aucun doute qu'il faut dire que, sous l'empire de notre ancienne jurisprudence, le bien que l'héritier recevait en contre-échange était susceptible de séparation dans l'intérêt des créanciers de la succession.

SECTION IV

EFFETS DE LA SÉPARATION.

On se rappelle quels étaient, en droit romain, les effets de la séparation des patrimoines. L'adition étant regardée comme non avenue, les deux patrimoines demeuraient distincts; celui du *de cujus*, ayant pour créanciers exclusifs les créanciers de ce dernier, était complétement indépendant des biens de l'héritier. Si en opérait la vente, c'était, nous dit le texte, comme la vente de deux patrimoines différents; enfin, pour tout dire en deux mots, vis-à-vis des créanciers du défunt la séparation produisait un effet absolu.

Tout autre fut le caractère de la séparation dans notre ancien droit. Lisons Lebrun : « La séparation » obtenue par les créanciers du défunt, dit-il, n'est

» pas capable d'effacer l'adition ou l'immixtion de l'hé-
» ritier, et ne sert pas d'exception à la maxime : « *Qui*
» *semel heres est, nunquam desinit esse heres.* » (1)
Ainsi, quant à l'héritier, les effets de la saisine subsistent ; il conserve entre ses mains les biens qui composent la succession, et n'en est pas dépossédé comme
cela avait lieu en droit romain, par suite de la *missio*
in possessionem accordée aux créanciers héréditaires.
Quant à ces derniers, ils ont, en demandant la séparation, cherché une garantie contre les créanciers de
l'héritier, et ne se sont pas séparés de sa personne ;
on ne peut plus dire, comme le faisait le Digeste : *Re-*
cesserunt a persona heredis. Ils cherchent une sûreté contre les créanciers de l'héritier, la séparation
des patrimoines la leur fournira en leur procurant
l'avantage de n'avoir pas à souffrir le concours de ces
créanciers sur les biens de la succession.

I. — Supposons qu'après le paiement des dettes et
l'acquittement des legs, il reste encore une partie de
la succession : les créanciers de l'héritier peuvent-ils
recourir sur cette partie de la succession non absorbée,
si les biens personnels de leur débiteur ne suffisent
pas pour les payer intégralement? La séparation des
patrimoines ne change en rien la condition de l'héritier; nous savons que la règle: « *Qui semel heres est,*
nunquam desinit esse heres, » n'est aucunement mo-
difiée par cette séparation, qui établit simplement un

____

(1) Lebrun, *Succession*, livre IV, chap. II, section I.

bénéfice dans l'intérêt des créanciers et légataires du défunt. Une fois que ces derniers ont été payés, et que la séparation n'a plus de raison d'être, les choses reprennent leurs cours naturel et régulier. Or, l'héritier est toujours héritier malgré la séparation ; par l'effet de la saisine il devient propriétaire des biens composant la succession ; il est donc propriétaire de la portion de ces biens qui n'a pas été employée à l'acquittement des dettes et charges de la succession. Il est de principe que les biens d'un débiteur sont le gage de ses créanciers ; qui s'oblige, oblige le sien. Vis-à-vis de ses créanciers personnels, l'héritier qui se trouve ainsi détenteur d'une partie de la sucession, est dans la position de tout débiteur dont les biens viennent à s'augmenter ; c'est un heureux hasard pour les créanciers, dont les chances de paiement deviennent plus considérables, et il n'existe aucune raison en vertu de laquelle on puisse les empêcher d'exercer leur recours sur ces biens qui entrent ainsi dans le patrimoine de leur débiteur.

Cette solution est évidente, et elle était admise sans difficulté dans l'ancien droit. Lebrun nous dit en effet : « Cela ne fait pas de doute selon le grand Papi-
» nien et tous les autres à l'égard des créanciers de
» l'héritier. Car si les créanciers du défunt qui ont de-
» mandé la séparation, s'étant payés sur les biens
» du défunt, il y a du restant, ceux de l'héritier vien-

» nent aussi sur ce restant, parce que c'est du bien
» qui appartient à leur débiteur. » (1)

II. — Dans quelle position vont se trouver les créanciers du défunt? Ils ont obtenu la séparation des
patrimoines ; par suite, il ont eu l'avantage de se faire
payer sur les biens du défunt, sans souffrir sur ces
biens le concours des créanciers de l'héritier. Mais ils
se sont trompés dans leurs prévisions, la succession
qu'ils croyaient suffisante pour les désintéresser est
insolvable, tandis que l'héritier est parfaitement solvable, et qu'après le paiement de ses dettes il lui reste
encore une partie de ses biens. Les créanciers du
défunt pourront-ils se retourner contre l'héritier et se
payer de ce qui leur est encore dû, en faisant vendre
les biens que l'héritier a conservés?

On se rappelle quel était sur ce point la solution du
droit romain. Les créanciers qui avaient demaudé la
séparation des patrimoines ne pouvaient plus recourir
contre l'héritier, car ils devaient s'imputer d'avoir
demandé cette séparation, quand, l'héritier étant solvable, la confusion des biens n'aurait pas empêché
qu'ils fussent payés intégralement ; Paul et Ulpien le
décidaient ainsi, et d'une façon fort catégorique.

Papinien, sans repousser le principe que les créanciers qui avaient demandé la séparation étaient désormais étrangers à l'héritier, Papinien trouvait cependant équitable d'accorder auxdits créanciers, un re-

<hr>

(1) Lebrun, *Succession*, livre IV, chapitre XI, section I,
n° 27.

cours sur les biens de l'héritier, mais seulement après l'acquittement des dettes de ce dernier:

Notre ancienne jurisprudence admettait que la séparation n'efface pas les effets de la saisine ; que l'héritier conserve toujours cette qualité, et que, comme tel, il demeure débiteur des créanciers du défunt. Ainsi, la solution d'équité que proposait Papinien était devenue un principe de droit, et on accordait en conséquence aux créanciers et légataires qui avaient demandé la séparation des patrimoines, le droit de recourir sur les biens de l'héritier, si la succession n'avait pas suffi à les désintéresser. C'était là une application de la règle : « *Qui semel heres est, nunquam desinit esse heres.* »

Pothier parlait dans le même sens ; il disait que la séparation qu'avaient demandée les créanciers du défunt, ne devait pas être rétorquée contre eux ; qu'en la réclamant ils n'avaient point eu l'intention de libérer l'héritier vis-à-vis d'eux, mais de se faire préférer à ses créanciers personnels sur les biens de la succession. Domat partageait le même avis.

Il est donc bien établi que notre ancienne jurisprudence permet le recours sur les biens de l'héritier aux créanciers et légataires qui ont obtenu la séparation des patrimoines.

La règle : *Qui semel heres* étant admise, si on voulait en tirer toutes les conséquences qui logiquement en dérivent, il faudrait étendre le recours plus loin que Papinien n'avait eu l'idée de le faire. En effet,

l'obligation personnelle de l'héritier étant maintenue, les créanciers du défunt n'ayant pas voulu libérer l'héritier, mais prendre une sûreté contre ses propres créanciers , la séparation qu'ils ont demandée ne devant pas être rétorquée contre eux, il faudrait décider qu'ils ont le droit de recourir contre l'héritier, non pas subsidiairement, sur ce qui lui resterait de biens après ses dettes acquittées, mais concurremment avec ses propres créanciers. Pour agir de la sorte, les créanciers du défunt invoqueraient le droit commun, puisqu'ils demeurent créanciers de l'héritier, et jouiraient, en outre, du bénéfice de séparation. Mais une raison d'équité avait fait repousser cette solution. Les créanciers de l'héritier auraient dû, eux aussi, d'après le droit commun, pouvoir se faire payer sur les biens que leur débiteur avait acquis par l'effet de la succession à lui échue ; la séparation leur enlève ce bénéfice au profit des créanciers de cette succession ; il est dès lors naturel, que ces créanciers qui priment ceux de l'héritier sur les biens héréditaires, ne puissent venir qu'après eux sur les biens de l'héritier. « Puisqu'on
» leur sépare les biens de la succession, dans lesquels
» les créanciers de l'héritier pourraient demander une
» concurrence avec eux, comme étant lesdits biens
» de la succession devenus les biens de l'héritier par
» l'acceptation, il est équitable qu'en conséquence les
» créanciers de la succession leur laissent les biens de

» l'héritier. » (1) Nous voyons donc que, faute de paiement intégral au moyen de la vente des biens de la
succession séparés à leur profit, les créanciers et légataires pouvaient recourir sur les biens de l'héritier,
mais après acquittement des dettes personnelles de
cet héritier.

CHAPITRE II

SÉPARATION DES PATRIMOINES DANS NOTRE DROIT INTERMÉDIAIRE.

En jetant un coup d'œil sur les réformes que la
législation intermédiaire a introduites dans notre droit
civil, nous trouvons le système hypothécaire profon-
dément modifié. Dans l'ancien droit, l'hypothèque
était occulte. Il fallait, il est vrai, pour la constituer,
un acte reçu par un notaire (2) ; mais point d'inscription dans un bureau spécial où les tiers pussent
venir se renseigner, et savoir quelle était la situation
hypothécaire des personnes avec lesquelles ils avaient
l'intention de contracter. Il était possible alors, qu'un
créancier qui croyait avoir prêté à un débiteur solvable,
s'aperçût, quand il voulait faire vendre les biens de

(1) Pothier, *Traité des Successions.*
(2) Pothier, *Hypothèques,* 70.

ce débiteur, qu'ils étaient grevés d'hypothèques antérieures à la sienne, pour la totalité ou la plus grande
partie de leur valeur. De là un résultat facile à comprendre ; le crédit des débiteurs et le crédit public
souffraient une grave atteinte. Le débiteur trouvait
peu à emprunter, ou du moins, ce n'était qu'à des
conditions fort onéreuses ; le crédit public était compromis, car une grande partie des capitaux demeurait
improductive. D'un autre côté, cette hypothèque occulte portait sur tous les biens présents et à venir du
débiteur ; de sorte que pour la moindre dette hypothécaire, tous les immeubles et même tous les meubles
du débiteur, dans le ressort des Parlements qui permettaient d'hypothéquer les meubles, se trouvaient
frappés d'hypothèque. Ces inconvénients furent
remarqués, mais on ne chercha point sérieusement à
modifier le régime hypothécaire.

Le droit intermédiaire inaugura un système nouveau.
La loi du 9 Messidor an III établit le principe de la
publicité de l'hypothèque, par l'inscription prise au
bureau du Conservateur des hypothèques, créé par la
même loi. La loi du 11 Brumaire an VII, réorgani-
sant le système hypothécaire, emprunta à celle de
Messidor le principe de la publicité, auquel elle
ajouta celui de la spécialité de l'hypothèque.

Cette loi de Brumaire, dans son art. 14, s'occupe
de la séparation des patrimoines, mais elle le fait d'une
façon fort sommaire ; elle en constate l'existence, sans
dire à quelles conditions elle pourra être invoquée, et

quels en seront les effets ; elle s'en réfère sur ce point à l'ancien droit. C'est ce que nous lisons dans l'article 14 *in fine* : « le tout sans préjudice du droit » qu'ont les créanciers des personnes décédées et les » légataires de demander la distinction et la séparation » des patrimoines, conformément aux lois. »

C'est donc toujours cette sûreté spéciale accordée aux créanciers et aux légataires du défunt, qui leur procure l'avantage de venir sur les biens de la succession à l'exclusion des créanciers personnels de l'héritier et le droit de se faire payer sur les biens de l'héritier, après acquittement de ses dettes.

Quant au système de publicité que la loi de Brumaire établit pour l'hypothèque, il n'est pas applicable à la séparation des patrimoines, la loi n'innove pas en cette matière ; elle ne fait que s'en rapporter à ce qui se pratiquait antérieurement.

TROISIÈME PARTIE

Séparation des patrimoines sous l'empire de la législation actuelle.

Etablie à Rome par l'influence du droit prétorien, comme nous l'avons vu au commencement de cette étude, adoptée par notre ancien droit et notre droit intermédiaire, la séparation des patrimoines dut se présenter, et se présenta en effet à l'esprit des rédacteurs de notre Code Civil. Son utilité, que nous avons reconnue, n'était pas contestable ; les créanciers du *de cujus*, qui avaient contribué à former la fortune du défunt, méritaient bien qu'on les protégeât, et il était juste qu'ils ne fussent pas forcés d'accepter pour débiteur un héritier qu'ils ne connaissaient pas, et qui pouvait ne pas être solvable. Frappés des raisons qui justifient la séparation, les rédacteurs du Code n'hésitèrent point à admettre cette institution tutélaire, et se confiant à l'expérience des législations antérieures, ils adoptèrent la théorie de la séparation en suivant, comme ils le déclarent, les errements de l'ancienne

jurisprudence. Ils y apportèrent cependant des mo-
difications, et notamment au titre des Priviléges et
Hypothèques, ils en introduisirent une dont nous
examinerons plus loin le sens et la portée.

CHAPITRE I

A QUELLES PERSONNES APPARTIENT LE DROIT DE DEMANDER LA SÉPARATION DES PATRIMOINES.

Notre Code Civil, au titre des Successions, s'exprime ainsi dans l'art. 878 : « *Les créanciers peuvent*
» *demander, dans tous les cas et contre tout créan-*
» *cier, la séparation du patrimoine du défunt*
» *d'avec le patrimoine de l'héritier.* »
Cette action est accordée par la loi aux créanciers
du défunt. Comme elle ne fait aucune distinction, sa
décision s'applique à tous les créanciers, quels qu'ils
soient : chirographaires, hypothécaires, privilégiés ;
créanciers ayant un droit pur et simple, ou à terme,
ou conditionnel.

1. — Pour les créanciers chirographaires l'utilité
de la séparation est de l'évidence la plus frappante ;
sans elle, en effet, ils viendraient en concours avec
les créanciers personnels de l'héritier sur la masse

unique, formée des biens de ce dernier et des biens de la succession. Or, parmi ces créanciers de l'héritier, il pourrait se trouver des créanciers privilégiés, des créanciers hypothécaires, primant les chirographaires, et absorbant la totalité ou une grande partie des biens ; et, pour ce qui resterait, les créanciers du défunt ne viendraient qu'au marc le franc avec les chirographaires de l'héritier. La confusion produirait ce résultat aussi injuste que désastreux, que les créanciers du défunt, qui auraient peut-être été intégralement payés avec les biens de leur débiteur, se trouveraient souvent réduits à ne toucher qu'un dividende, par suite de l'exercice du droit de préférence des créanciers privilégiés et hypothécaires de l'héritier et du concours de ses créanciers chirographaires.

II. — L'intérêt des créanciers privilégiés à obtenir la séparation est aussi très-facile à comprendre. En effet, il peut se trouver des créanciers de l'héritier, dont les droits soient sauvegardés par un privilége qui, d'après la loi, doit primer le leur. Les créanciers du défunt ont, par exemple, un des priviléges de l'article 2103, tandis que le créancier de l'héritier est garanti par l'un de ceux énumérés par l'art. 2101 ; dans ce cas, leur privilége, fut-il antérieur en date à celui du créancier de l'héritier, ce dernier passera avant eux : *Privilegia non ex tempore, sed ex causa æstimantur*. Au moyen de la séparation, ils repousseront ce créancier privilégié de l'héritier, qui ne pourra pas faire valoir ses droits sur les biens du défunt. Elle leur servira

encore à étendre leurs sûretés, s'ils avaient un privilége ne portant que sur les meubles, ou que sur les
immeubles; la séparation pourra leur attribuer un
droit de préférence sur tous les biens de la succession,
et aussi garantir les accessoires de la créance, dont le
privilége n'assurait pas le paiement, comme des intérêts, des arrérages. (1)

III. — Quant aux créanciers hypothécaires, il est
tout d'abord évident que, s'ils ont négligé d'inscrire
leur hypothèque du vivant de leur débiteur, ils devront demander la séparation pour éviter d'être primés par les créanciers de l'héritier, qui, antérieurement à la mort du *de cujus*, auraient acquis une hypothèque générale sur les biens de l'héritier. Si l'héritier n'avait que des créanciers chirographaires, les
créanciers du *de cujus* conserveraient la sûreté qu'ils
tiennent de lui, en faisant inscrire leur hypothèque.
Les créanciers du défunt auraient encore intérêt à
obtenir la séparation, si leur débiteur leur avait accordé une hypothèque spéciale qui fut insuffisante
pour les sauvegarder entièrement ; la séparation des
patrimoines venant leur attribuer un droit de préférence qui peut s'étendre sur tous les biens du défunt,
leurs chances de paiement intégral deviendront bien
plus considérables.

Mais si nous supposons que le créancier du défunt
a une hypothèque inscrite et suffisante pour garantir le

(1) Art. 2151 du Code Civil.

paiement de sa créance, dirons-nous qu'il a intérêt à demander la séparation des patrimoines ? Il faut répondre affirmativement. Ce créancier du défunt peut, en effet, après le décès de son débiteur, se trouver en face d'un créancier personnel de l'héritier muni d'une hypothèque générale de date antérieure à la sienne, et qui, à notre avis, doit primer le créancier du défunt dont l'hypothèque spéciale est postérieure en date à l'hypothèque générale.

Une personne est morte en 1870 ; parmi les créanciers de la succession, l'un a une hypothèque inscrite en 1865. L'héritier du *de cujus* s'était marié le 15 février 1860, où il avait ce jour-là accepté une tutelle ; une hypothèque légale est née du jour de son mariage au profit de sa femme, à raison de sa dot et de ses conventions matrimoniales (1), ou au profit du mineur à raison de la gestion du tuteur, du jour de l'acceptation de la tutelle. (2) L'hypothèque légale est générale ; elle porte sur tous les biens présents et à venir du débiteur.

Ce principe n'est contesté par personne ; mais on a soutenu, que les biens de la succession entrant dans le patrimoine de l'héritier au décès du *de cujus*, et seulement à cette époque, l'hypothèque générale ne portera sur eux qu'à partir de ce moment, de telle sorte que cette hypothèque générale se trouvera être

(1) Art. 2135 du Code Civil.
(2) *Idem.*

postérieure sur les biens du défunt à l'hypothèque
spéciale du créancier de la succession, bien qu'elle soit
née à date antérieure. Nous repoussons ce système.
La loi, pour garantir certaines créances, établit une
hypothèque légale, qui, comme nous l'avons vu, porte
sur tous les biens présents et futurs du débiteur. (1)
Dès le moment où cette hypothèque prend naissance, elle est constituée dans son intégralité ; elle
frappe dès lors les biens que le débiteur possède, et
aussi ceux qu'il viendra à posséder dans la suite, ces
derniers sous la condition suspensive de leur acquisition. Cette hypothèque produit son effet à partir du
jour de sa constitution, à partir du moment où, de
par la loi, les biens présents et futurs du débiteur y
sont soumis. Elle est conditionnelle quant aux biens
futurs ; mais quand par l'acquisition cette condition
est accomplie, son effet remonte au jour où l'hypothèque a pris naissance. (2) Comme cette date est antérieure à celle de l'hypothèque que le créancier de la
succession a fait inscrire sur les biens de son débiteur
du vivant de ce dernier, elle doit tout naturellement
la primer : *prior tempore, prior jure*. La séparation
des patrimoines, créant sur les biens de la succession

(1) Ce que l'on dit ici des hypothèques légales des femmes
et des mineurs, s'applique aussi aux autres hypothèques
légales, et aux hypothèques judiciaires inscrites sur les biens
de l'héritier, antérieurement à l'inscription prise sur les
biens du défunt avant sa mort.

(2) Code Civil, art. 1179. — Marcadé, t. X, n° 300. *Contra*
Barafort, n° 184.

un droit exclusif au profit du créancier du *de cujus*, empêchera ce résultat, et ce sera lui, au contraire, qui primera le créancier muni d'une hypothèque générale.

Le créancier qui, pour sa sûreté, a exigé une caution, fera bien cependant de demander la séparation des patrimoines. La caution peut, en effet, devenir insolvable, et s'il n'a pas eu la précaution de se garantir au moyen de la séparation, il se trouvera en même temps privé de l'avantage que lui faisait le cautionnement, et obligé de subir le concours des créanciers personnels de l'héritier.

IV. — Parmi les créanciers, il peut s'en trouver qui n'aient pas de titre constatant leur créance. Cette absence de titre n'est pas un obstacle qui les empêche d'obtenir la séparation des patrimoines; la loi, en accordant le bénéfice de séparation aux créanciers d'un défunt, ne limite point cette faveur à ceux qui sont porteurs d'un titre. Les créanciers, dont nous nous occupons dans ce moment, feront reconnaître leurs droits s'ils sont contestés, et la séparation pourra dès lors leur être accordée comme à tous les autres créanciers. (1) Se fondant sur une analogie qu'il remarque entre cette hypothèse et celle prévue par l'art. 558 du Code de Procédure Civile, M. Demolombe pense que ces créanciers pourraient être autorisés sur requête à prendre inscription sur les immeubles de la

____

(1) Comme exemple de créanciers n'ayant pas de titre, citons les médecins, chirurgiens, etc.

succession ou à user de toute autre mesure conservatoire. (1)

V. — Les créanciers conditionnels ont aussi droit à la séparation des patrimoines. L'art. 878 la leur accorde par la généralité de ses termes ; et, d'un autre côté, l'art. 1180 rend le doute impossible en leur permettant de faire tous les actes conservatoires de leurs droits, et il est évident que la séparation est un acte conservatoire. Elle vient, en effet, sauver d'un danger les créanciers du *de cujus* , car la mort de ce dernier diminue les sûretés de ses créanciers, comme le dit M. Barafort, puisque sa fortune pourrait être absorbée en partie par les dettes de l'héritier. La séparation, mesure conservatoire, est donc accordée aux créanciers conditionnels.

Remarquons que ce qu'on dit des créanciers conditionnels , quant au droit de séparation, s'applique *à fortiori* aux créanciers à terme ; pour ces derniers, en effet, ce n'est pas l'existence même de la créance qui est en suspens, mais seulement son exigibilité qui se trouve retardée. Dans l'ancien droit, la doctrine décidait que la séparation accordée aux créanciers à terme ou sous condition, devait produire ce résultat, de ne permettre aux créanciers de l'héritier de se payer sur les biens de la succession, qu'à la charge pour eux de donner caution de restituer ce qui serait dû aux créan-

(1) Demolombe, *Succ.*, t. V, n° 106. — Chauveau et Glandaz, page 546. — Barafort, n° 19.

ciers à terme ou conditionnels , quand arriverait le
terme ou l'accomplissement de la condition. (1) Sous
l'empire du Code on pense généralement, ou bien que
les créanciers de l'héritier seront, comme sous l'ancien
droit, payés sur les biens de la succession à charge de
donner caution, ou bien que les créanciers conditionnels toucheront le montant de leurs créances, en donnant de leur côté caution pour le cas où la condition
viendrait à défaillir.

VI. — Les créanciers d'une rente perpétuelle ou
viagère ont, comme tous les autres créanciers, la ressource de la séparation des patrimoines. Elle aura
pour effet, ainsi que l'indique M. Barafort, de faire
prendre sur les valeurs héréditaires un capital dont les
intérêts seront affectés au paiement des arrérages ; ce
capital pourra être consigné, ou laissé aux mains d'un
adjudicataire. (2)

VII. — Les articles 878 et suivants, qui indiquent
quelles personnes peuvent demander la séparation des
patrimoines, ne parlent pas des légataires ; mais on ne
peut pas douter de leur droit, car il est formellement
établi par les termes de l'art. 2111.

Malgré l'hypothèque que leur accorde l'art. 1017
du Code Civil, les légataires ont cependant intérêt à
demander la séparation des patrimoines. Leur hypothèque ne naissant qu'au décès du *de cujus* , et ne pre-

(1) D'Espeisses, sect. V, tit. II, § 3.
(2) Barafort, *Séparation des patrimoines*, n° 20. — Paris,
28 avril 1865, S. 66, 2, 49.

nant rang qu'à compter de l'inscription pourrait être
primée par une hypothèque générale garantissant les
droits d'un créancier de l'héritier et dont la date serait
antérieure au décès, ou par une hypothèque consentie
par l'héritier sur les biens de la succession, depuis
qu'ils font partie de son patrimoine et avant que les légataires aient fait leurs diligences. (1) Comme le fait
observer M. Demolombe, cet intérêt n'existe que pour
les légataires à titre particulier, car les légataires à titre
universel, étant *loco heredum*, sont protégés par le
principe de l'art. 883 contre toute prétention de la
part des créanciers des héritiers ? (2)

VIII. — Pour se garantir d'une façon plus complète
et n'avoir rien à craindre de l'insolvabilité de son débiteur, le créancier a exigé qu'une caution s'engageât
conjointement avec ce débiteur. La caution vient à
mourir, laissant pour héritier le débiteur principal.
L'obligation accessoire de la caution s'éteint par confusion ; son patrimoine se confondant avec celui du débiteur principal, deviendra le gage commun de tous
les créanciers de ce dernier, et se distribuera entre
eux au marc le franc s'il n'existe pas de causes de
préférence. Dès lors, le créancier qui, garanti par la
caution, aurait pu recevoir un paiement intégral, se
verra, à son grave préjudice, obligé de souffrir le con-

____

(1) V. *supra*, n° III. Si la succession est mobilière, le légataire peut prendre des mesures conservatoires, telles que
saisie-arrêt, etc. — Cass., 16 août 1869. Sirey, 69, 1, 417.
(2) Demolombe, *Succession*, t. V, n° 140. — Art. 883 du
Code Civil.

cours des autres créanciers du débiteur principal, contre lesquels la caution devait précisément le garantir. Le droit romain qui avait prévu et réglé ce cas, accordait au créancier la séparation des patrimoines. Il faut donner la même solution dans notre droit, et décider que le créancier qui voit s'éteindre le cautionnement sur lequel il avait compté, pourra demander la séparation des patrimoines. Il est parfaitement évident que la solution doit être la même dans le cas où la caution succède au débiteur principal. Le créancier pourra demander que les biens de ce débiteur soient séparés à son profit d'avec les biens de la caution, pour avoir un droit exclusif sur les biens de ce débiteur et ne pas souffrir le concours des créanciers de la caution qui peut être devenue insolvable. « Ce qui est dit pour le » cas où le débiteur succède à la caution, aurait lieu » de même, à plus forte raison, dans le cas où la cau- » tion succéderait au débiteur. Et le même créancier » qui peut demander la séparation des biens du fidé- » jusseur contre les créanciers du débiteur qui lui suc- » cède, peut demander sans doute la séparation des » biens du débiteur envers les créanciers du fidéjus- » seur, héritier de ce débiteur. » (1)

IX. — La question de la séparation des patrimoines se pose aussi dans le cas où une même personne recueille deux successions dont l'une est créancière de

______

(1) Delvincourt, tome II, page 384. — Duranton, tome VII, n° 474. — Domat, livre III, tit. II, sect. I, n° 8. — Barafort, *Séparation*, n°° 25, 26.

l'autre. Un fils succède à son père, puis ensuite à sa mère, créancière de la succession de son mari, à raison des reprises qu'elle avait le droit d'exercer. Dans la personne de l'héritier, il s'est produit une confusion en vertu de laquelle le patrimoine du créancier et celui du débiteur se trouvant réunis dans la même main, la créance et la dette se trouvent éteintes. Mais la mère avait des créanciers qui ont droit d'exercer ses reprises en son nom, et les deux successions , l'une débitrice, l'autre créancière, se trouvant réunies dans les mains de l'héritier, forment avec les biens de ce dernier un seul et même patrimoine, qui sert de sûreté à tous ses créanciers personnels indistinctement. Sans le secours de la séparation des patrimoines, les intérêts des créanciers de la mère pourraient se trouver gravement compromis ; aussi, cette séparation leur est-elle accordée ; ils peuvent la demander relativement au patrimoine de la mère contre les créanciers du fils. (1)

X. — Si une succession passait à un héritier, puis à l'héritier de ce dernier et ainsi de suite, de façon que cette succession, passant ainsi de mains en mains, vint, avec celles de ses différents possesseurs, se trouver un jour sur la tête d'un héritier, qui opère la liquidation des dettes à lui apportées par les différentes successions réunies entre ses mains, les créanciers de ces successions pourront tous demander la séparation des pa-

(1) Chabot, art. 878, n° 1. — Delvincourt, tome II, p. 56, note 4. — Duranton, tome VII, n° 473. — Demolombe, *Succession*, t. V. n° 161. — Barafort, *Séparation*, n° 27.

trimoines relativement aux biens qui, primitivement, leur servaient de gage exclusif. Primus succède à Paul, Secundus succède à Primus dans la succession duquel il trouve celle de Paul; Tertius succédant à Secundus, recueille en même temps les successions de Primus et de Paul. Les créanciers de toutes ces successions peuvent demander la séparation contre les créanciers de Tertius, mais leurs rapports entre eux ne seront pas modifiés. Ainsi, les créanciers de Secundus demanderont la séparation à l'effet de primer les créanciers de Tertius, on séparera à leur profit le patrimoine de Secundus, ce patrimoine contient celui de Primus, que les créanciers de ce dernier feront de leur côté séparer, pour ne pas souffrir sur les biens de leur débiteur, le concours des créanciers de son héritier Secundus. Mais, comme dans le patrimoine de Primus se trouve celui de Paul, les créanciers de Paul viendront aussi demander que le bénéfice de séparation leur procure l'avantage d'un droit exclusif sur les biens de leur débiteur Paul, sans concours possible de la part des créanciers de Primus. De cette sorte, les droits respectifs des créanciers de ces successions se trouvent intégralement maintenus. (1)

XI. — Si un créancier devient pour partie héritier de son débiteur, il se produit dans la personne de ce créancier une confusion qui éteint sa créance jusqu'à

______

(1) Domat, livre III, tit. II, sect. 1. — Barafort, n° 27. — Dufresne, n° 17.

duc concurrence. Ainsi, est-il héritier d'un tiers de la succession, un tiers de sa créance est désormais inexigible, parce que pour cette portion il se trouve en même temps créancier et débiteur. Mais cette confusion n'influe en rien sur les deux autres tiers de sa créance ; il demeure quant à ce, créancier, et dans la même position qu'avant d'être appelé à la succession. Il a par conséquent intérêt à demander la séparation des patrimoines pour se garantir du concours des créanciers personnels de ses cohéritiers, et le droit de recourir à cette mesure lui appartient incontestablement.

XII. — Les créanciers d'une personne absente pourront-ils demander la séparation des patrimoines ? Pour résoudre la question, voyons d'abord comment se divise l'absence. Elle comprend trois périodes : la présomption d'absence, la déclaration d'absence accompagnée de l'envoi en possession provisoire, l'envoi en possession définitif. Dans la première de ces périodes, les prescriptions de la loi sont toutes dans l'intérêt de la personne présumée absente ; elles tendent à assurer la conservation de ses biens, et par conséquent du gage des créanciers, qui n'ont dès lors pas besoin de prendre des mesures pour la sûreté de leur créance. Dans la seconde période, le retour de l'absent devenant moins probable, la sollicitude de la loi se porte aussi sur ses héritiers auxquels elle accorde l'envoi en possession ; mais cet envoi n'est que provisoire, et à charge de caution. Dans cette période encore, les créanciers n'ont rien à craindre, car la caution leur garantit la conservation de leur gage.

Mais, quand arrive la troisième période, la situation change ; l'envoi en possession définitif est prononcé ; les biens de l'absent sont attribués à ses héritiers, et deviennent, par conséquent, le gage commun de tous leurs créanciers. Les héritiers, devenus propriétaires des biens de l'absent, peuvent en faire ce qui leur convient, les aliéner, les hypothéquer, etc. Les cautions étant déchargées, rien ne vient plus sauvegarder les créanciers de l'absent ; il est, dès lors, important pour eux d'obtenir la séparation, et ils ont évidemment le droit de la demander.

XIII. — Plaçons-nous dans l'hypothèse d'une succession acceptée sous bénéfice d'inventaire. Nous avons à chercher si, dans ce cas, les créanciers de la succession ont besoin de demander la séparation des patrimoines. Et d'abord, une question : l'acceptation bénéficiaire entraîne-t-elle de plein droit la séparation des patrimoines ? Quand cette question aura été résolue, la solution que nous avons à donner se présentera d'elle-même.

La négative a été soutenue, et un arrêt de la Cour de Rennes du 23 juillet 1819 fut rendu dans ce sens ; cet arrêt s'appuyait sur ce que l'article 2111, posant le principe que le privilége de séparation se conserve par l'inscription, cette inscription est indispensable, et la loi ne faisant aucune distinction entre la succession acceptée purement et simplement et celle acceptée

sous bénéfice d'inventaire, l'obligation de s'inscrire
est la même dans les deux cas. La doctrine et la
jurisprudence, d'une façon à peu près unanime,
repoussent aujourd'hui ce système. Nous pensons,
nous aussi, que l'acceptation bénéficiaire d'une succession entraînant de plein droit la séparation des patrimoines, les créanciers de la succession n'ont pas besoin
de demander cette séparation. (1)

M. Demolombe soutient le système contraire. Il se
fonde sur l'article 802, duquel il tire cette conséquence
que le bénéfice d'inventaire est introduit dans l'intérêt
de l'héritier ; non pas dans celui des créanciers, mais
contre eux ; et que, de ce texte édicté contre les créanciers, on ne peut pas faire sortir la séparation des
patrimoines, qui est une institution imaginée dans leur
intérêt.

Lisons avec attention l'art. 802. Nous y voyons que
le bénéfice d'inventaire donne à l'héritier l'avantage
de ne pas confondre ses biens avec ceux de la succession ; il n'est tenu du paiement des dettes que jusqu'à concurrence des biens qu'il a recueillis ; mais il

(1) Paris, 20 juillet 1811, S. 11, 2, 385. — Paris, 8 avril
1826, S. 27, 2, 79. — Cass., 18 juin 1833, S. 33, 1, 730. —
Paris, 4 mai 1835, S. 35, 2, 257. — Colmar, 9 janvier 1837,
S. 37, 2, 344. — Cass., 10 décembre 1839, S. 40, 1, 95. —
Rouen, 24 janvier 1845, S. 46, 2, 570. — Nîmes, 21 juillet
1852, S. 53, 2, 705. — Cass., 7 août 1860, S. 60, 1, 264. —
Cass., 8 juin 1863, S. 63, 1, 380. — Metz, 25 juillet 1865, S.
66, 2, 249. — Nîmes, 6 novembre 1869, S. 70, 2, 157.
Sic Baralort, n° 170. *Contra* Demolombe, page 202, *Suc-
cession,* tome V. — Marcadé.

doit y employer tous ces biens, et il n'a point le droit de s'en servir pour payer ses créanciers personnels. Tels sont les effets du bénéfice d'inventaire. Si nous considérons les résultats de la séparation des patrimoines, nous voyons qu'elle empêche la confusion entre les biens du *de cujus* et ceux de l'héritier, et qu'elle donne aux créanciers de la succession un droit exclusif sur les biens du défunt.

Ainsi donc, l'acceptation bénéficiaire retire à l'héritier la disposition des biens du défunt et *l'oblige à employer ces biens uniquement au paiement des dettes héréditaires* ; la séparation des patrimoines donne aux créanciers de la succession *un droit exclusif sur les biens du défunt*. Il semble difficile d'indiquer quelle différence peut exister entre ces deux propositions, et par conséquent de ne pas reconnaître que la séparation des patrimoines est une conséquence virtuelle de l'acceptation bénéficiaire.

Comme il a été dit plus haut, on s'appuie, pour combattre cette solution, sur ce que le bénéfice d'inventaire étant établi dans l'intérêt de l'héritier contre les créanciers de la succession, ne peut pas profiter à ces derniers. Assurément, l'acceptation bénéficiaire produit son effet contre les créanciers de la succession, puisqu'elle les prive du droit de se faire payer sur les biens personnels de l'héritier ; mais aussi, elle oblige l'héritier à employer les biens de la succession au paiement exclusif desdits créanciers, ce qui constitue en réalité pour eux une véritable séparation des patrimoines. Au reste, il ne faut pas exagérer la portée que peut avoir pour l'héritier l'acceptation bénéficiaire. Ce serait une erreur de la considérer comme dirigée d'une façon absolue contre les créanciers au bénéfice de l'héritier. La loi n'est pas dans cette circonstance aussi exclusive, pour les créanciers du *de cujus*, qu'on veut bien le dire. Il suffit, pour s'en convaincre, de lire les articles qui traitent de l'acceptation bénéficiaire. On y voit, en effet, que l'héritier bénéficiaire doit administrer la succession et rendre compte de son administration aux créanciers et aux légataires ; que, si après avoir été mis en demeure de présenter son compte il ne satisfait pas à cette obligation, il peut être contraint sur ses biens personnels; qu'après l'apurement du compte, il peut être contraint de même pour les sommes dont il se trouve reliquataire ; il peut aussi être forcé de donner caution. Ainsi donc, tout en veillant aux intérêts de l'héritier, le bénéfice d'inventaire qui lui est accordé sauvegarde aussi ceux des créanciers par les obligations qu'elle impose à l'héritier bénéficiaire. De plus, cette acceptation bénéficiaire empêche la confusion des patrimoines du *de cujus* et de l'héritier, et donne aux créanciers de la succession un droit exclusif sur les biens qui la composent. C'est aussi l'effet que produit la séparation ; les mesures que la loi prescrit dans l'intérêt des créanciers, les protègent très-efficacement, pourquoi, dès lors, les vouloir obliger à demander une séparation qui n'ajouterait rien aux sûretés dont ils jouissent présentement.

L'inscription de cette séparation, que l'acceptation bénéficiaire produit en faveur des créanciers de la succession, ne sera point nécessaire ; en effet, l'art. 2111 qui exige cette inscription, se place dans l'hypothèse d'une séparation demandée par les créanciers ; et, dans le cas qui nous occupe, la séparation n'est point demandée par les créanciers, puisqu'elle est produite de plein droit par l'acceptation bénéficiaire. Quant à la publicité créée par ce même article, l'inscription de l'acceptation bénéficiaire sur les registres du greffe en tiendra lieu.

XIV. — Ce n'est pas seulement dans le cas d'une acceptation bénéficiaire faite par un majeur, qu'il faudrait décider que la séparation des patrimoines existe de plein droit ; l'acceptation faite au nom d'un mineur, qui ne peut être que bénéficiaire, produirait le même effet. (1)

Plaçons-nous dans l'hypothèse suivante : Un tuteur a accepté bénéficiairement une succession échue au mineur, dont il gère la tutelle, mais il a omis de remplir certaines des formalités établies par la loi pour l'acceptation bénéficiaire. Cette acceptation sera-t-elle cependant valable, et produira-t-elle la séparation des patrimoines ? Il faut répondre affirmativement. La loi regarde, on le sait, l'acceptation bénéficiaire comme très-avantageuse ; l'art. 461 qui règle la matière

(1) Bordeaux, 24 juin 1826, S. 26, 2, 306. — Toulouse, 2 mars 1826, S. 26, 2, 216. — Colmar, 9 janvier 1837, S. 37, 2, 311. — Nîmes, 21 juillet 1852, S. 53, 2, 705.

dont nous nous occupons dans ce moment, est conçu dans cet esprit (1); sans forcer le tuteur à accepter une succession échue à son mineur, elle veut que si cette acceptation a lieu, elle soit faite sous bénéfice d'inventaire. Dans notre hypothèse, le conseil de famille, consulté par le tuteur, a jugé que l'acceptation serait profitable, et a donné son autorisation. Si le tuteur ne remplit pas exactement toutes les formalités dont la loi a voulu que fût accompagnée l'acceptation bénéficiaire, le mineur sera-t-il, par suite de cette négligence, privé des avantages qu'elle lui eût procurés? On ne doit pas l'admettre.

Les auteurs qui soutiennent le contraire, insistent sur ce point, que les formalités établies par la loi constituent la publicité de l'acceptation bénéficiaire; qu'on ne peut pas les négliger, car il faut que les tiers qui voudront dans la suite contracter avec le mineur, sachent que la succession à lui échue n'a été acceptée que sous bénéfice d'inventaire, et que les biens qui la composent ne peuvent pas leur servir de gage, puisque l'héritier doit les employer à l'acquittement des dettes héréditaires. Cette raison n'est pas bonne. L'art. 461 du Code Civil dit formellement que la succession qui échoit au mineur ne peut être acceptée que sous bénéfice d'inventaire; du moment donc que les tiers se trouvent en face d'un héritier

______

(1) On voit aussi un exemple frappant de la faveur de la loi, pour l'acceptation bénéficiaire, dans l'art. 782 du Code Civil.

mineur pour qui une succession a été acceptée par son tuteur, ils doivent savoir que l'acceptation n'a pu être que bénéficiaire. S'ils l'ignorent, l'art. 461 se charge de le leur apprendre. L'acceptation bénéficiaire sera donc valable, elle produira tous ses effets, et par conséquent elle donnera naissance à la séparation des patrimoines. (1)

XV. — Un héritier a accepté sous bénéfice d'inventaire une succession à laquelle il était appelé, puis il fait un acte qui entraîne sa déchéance de ce bénéfice ; par suite de cet acte, il entre dans la classe des héritiers purs et simples. La séparation des patrimoines était résultée de l'acceptation bénéficiaire ; cette déchéance de l'héritier du bénéfice d'inventaire, va-t-elle rejaillir sur les créanciers de la succession ? aura-t-elle pour effet de priver ces créanciers du droit exclusif que la séparation leur avait donné sur les biens de la succession ? Répondre affirmativement à cette question ne serait pas équitable. L'acceptation bénéficiaire a eu pour effet de produire la séparation des patrimoines ; cette séparation a eu lieu de plein droit au profit des créanciers de la succession ; c'est désormais pour eux un droit acquis, que l'héritier ne peut pas leur faire perdre par la déchéance qu'il viendrait à encourir. Elle est, vis-à-vis de ces créanciers, *res inter alios acta*, et elle laisse subsister intacts les effets de la séparation.

(1) Barafort, n° 168. *Contra* Demolombe, t. III, n°s 132, 133.

On combat cette solution de la manière suivante :
Tant que dure le régime bénéficiaire, dit-on, il n'est
besoin ni de demander la séparation, ni de la faire
inscrire, l'acceptation bénéficiaire l'ayant produite de
plein droit. Mais, quand ce régime bénéficiaire vient
à cesser par suite de la déchéance de l'héritier, alors,
cessante causa, cessat effectus ; la séparation des patrimoines disparaît comme le bénéfice d'inventaire, qui
lui avait donné naissance ; et, si alors les créanciers
de la succession veulent avoir un droit exclusif sur
les biens héréditaires, ils devront demander et faire
inscrire la séparation des patrimoines.

Il n'est pas difficile de démontrer combien ce système est peu logique.

L'héritier accepte sous bénéfice d'inventaire ; de
cette acceptation résulte de plein droit la séparation des patrimoines. Les créanciers, obtenant, par
l'effet même de l'acceptation, l'assurance de conserver un droit exclusif sur les biens du *de cujus,*
négligeront de demander et de faire inscrire la
séparation dont ils jouissent, sans avoir à recourir à
ces formalités. Puis l'héritier viendra à être déchu du
bénéfice d'inventaire, et à leur insu les créanciers
seront privés du bénéfice de séparation. Ils s'inscriront, dit-on, quand ils auront connaissance de la déchéance de l'héritier et rempliront les formalités nécessaires pour obtenir la séparation. Et, s'il est trop
tard, si les délais de l'art. 2111 sont expirés, qu'elle
sera la situation des créanciers ? Ils seront primés par

les créanciers personnels de l'héritier, qui, après la déchéance de ce dernier, auront pris avant eux inscription sur les biens du défunt ; la séparation qu'ils demanderont et feront inscrire, ne pourra pas empêcher ce résultat.

Ce système a, comme on le voit, une conséquence déplorable. Il permet à l'héritier de frustrer les créanciers de la succession au profit de ses créanciers personnels. En acceptant bénéficiairement, et faisant ensuite un acte qui cause sa déchéance, ayant soin de ne le faire qu'après l'expiration des délais de l'art. 2111, l'héritier mettra ses créanciers personnels en position d'acquérir, sur les biens de la succession, une hypothèque qui produira tous ses effets et sera préférable au bénéfice de séparation qu'obtiendraient les créanciers du *de cujus*. C'est un véritable piége tendu à la bonne foi des créanciers héréditaires; car en déclarant que la séparation résulte de l'acceptation bénéficiaire, on les empêche de demander cette séparation, et quand les créanciers, comptant sur les avantages que cette acceptation leur procure, sont en parfaite sécurité, la garantie qui sauvegardait leurs droits est anéantie par suite d'un acte de l'héritier, dont ils n'ont pas eu connaissance.

Marcadé, qui soutient le système que nous repoussons, indique un moyen d'éviter ce résultat. Il faut, dit-il, que les créanciers « fassent prononcer en leur » nom et assurent, par l'accomplissement des condi-» tions légales, la séparation résultant déjà du béné-

» fice d'inventaire, afin que si cette dernière cause
» s'évanouit, la séparation se maintienne toujours en
» vertu de l'autre cause, la demande formelle des
» créanciers. » (1)

Ainsi, pour Marcadé, il faut, malgré l'acceptation
bénéficiaire, faire prononcer et inscrire la séparation
des patrimoines. Autant valait-il dire que cette sépa-
tion ne résulte pas de l'acceptation bénéficiaire. Ce
principe n'eût pas été le vrai, à notre avis ; mais, du
moins, il aurait eu le mérite de permettre d'exiger,
d'une façon logique, la demande en séparation et l'inscription dont parle Marcadé. Un arrêt de la Cour de
Cassation, du 18 juin 1833, qui décide la question
dans notre sens, a, dans ses considérants, posé les
vrais principes de la matière.

« Considérant que la séparation des patrimoines
» opérée par l'acceptation, sous bénéfice d'inventaire,
» par l'acte authentique passé au greffe, et par l'in-
» ventaire qui en est la condition essentielle, ne peut,
» par rapport aux créanciers de la succession, dispa-
» raître et cesser d'avoir effet par la suite, par le fait
» de l'héritier ;

« Considérant que la peine d'être, en ce cas, con-
» sidéré comme héritier pur et simple, est établie en
» faveur des créanciers du défunt et ne peut par
» conséquent tourner contre eux, et les priver de
» leur gage exclusif; qu'eux seuls pourraient invo-

(1) Marcadé, tome III, n° 401.

» quer cette déchéance, puisqu'elle n'existe que pour
» eux, que ni l'héritier bénéficiaire, ni les créanciers
» ne peuvent se créer un droit par le fait personnel
» de cet héritier, administrateur comptable ;

« Considérant qu'une doctrine contraire ouvrirait
» carrière à des fraudes qu'il serait impossible de
» constater, puisque l'héritier pourrait, par un fait
» même secret, à l'insu des créanciers de la succes-
» sion, leur enlever leur gage et l'attribuer à ses pro-
» pres créanciers ; que l'héritier pourrait aussi, en
» faisant acte d'héritier postérieurement au délai de
» six mois de rigueur, prescrit par l'art. 2111, enle-
» ver aux créanciers de la succession, le droit de
» prendre la voie de la demande en séparation des
» patrimoines. » (1)

Cet arrêt de la Cour suprême nous semble être la
véritable expression du droit. Il est incontestable pour
nous que, lorsque l'acceptation bénéficiaire a opéré la
séparation des patrimoines au profit des créanciers
de la succession, ces derniers ne peuvent point en
être privés par suite d'un acte de l'héritier. Décider
autrement, ce serait permettre à cet héritier de frustrer les créanciers du *de cujus* au profit des ses créanciers personnels ; il est enfin évident que la déchéance du bénéfice d'inventaire est une peine établie

<hr>

(1) Cass., 18 juin 1833, S. 33, 1, 736.— Paris, 4 mai 1835,
S. 35, 2, 257. — Colmar, 9 janvier 1837, S. 37, 2, 312. —
Cass., 10 décembre 1839, S. 40, 1, 95. — Nîmes, 21 juil-
let 1852, S. 53, 2, 507. — Cass., 8 juin 1863, S. 63, 1, 380.

contre l'héritier en faveur des créanciers de la succession, à qui elle ne peut pas, par conséquent, faire perdre le bénéfice produit par la séparation des patrimoines, résultat de l'acceptation bénéficiaire.

XVI. — Si, au lieu d'être déchu du bénéfice d'inventaire, l'héritier était évincé par un héritier plus proche, acceptant purement et simplement la succession, la solution serait différente relativement au bénéfice de séparation, qu'avait produit l'acceptation bénéficiaire. Ici la situation est tout autre. Ce n'est plus un héritier, qui, par suite de son fait, est déchu du bénéfice d'inventaire, qui est frappé d'une peine par la loi, laquelle peine ne peut pas atteindre les créanciers de la succession, contre lesquels elle n'est pas établie. Dans le cas qui nous occupe, la personne qui a accepté bénéficiairement n'était point l'héritier et ne pouvait, en aucune façon, appréhender la succession. L'acceptation ayant été faite par quelqu'un qui n'avait point de droits à la succession est un acte inefficace, et qui, par conséquent, ne doit produire aucun résultat.

Si le véritable héritier se présente et accepte purement et simplement, l'acceptation bénéficiaire est radicalement anéantie et avec elle disparaissent tous les effets qu'elle aurait eus, si elle avait été l'œuvre du successeur appelé par la loi. Il ne peut donc plus être question de la séparation des patrimoines, produite de plein droit par l'acceptation bénéficiaire.

En examinant avec attention les deux hypothèses, on voit facilement que les raisons qui nous faisaient décider, qu'au cas de déchéance de l'héritier bénéficiaire la séparation est maintenue au profit des créanciers de la succession, ne peuvent pas être invoquées, quand l'auteur de l'acceptation bénéficiaire est évincé par le véritable héritier. (1)

XVII. — Que se produirait-il si une succession étant dévolue à plusieurs héritiers, elle était acceptée purement et simplement par quelques-uns et sous bénéfice d'inventaire par les autres ? La séparation des patrimoines, résultant de l'acceptation bénéficiaire, sera-t-elle restreinte à la partie de la succession acceptée bénéficiairement, ou s'étendra-t-elle à l'entière succession ?

On peut dire que la jurisprudence est presque unanime pour décider, que dans ce cas, la séparation produite par l'acceptation bénéficiaire portera sur toute la succession.

Parmi les arrêts qui jugent la question en ce sens, on en trouve un de la Cour de Caen, qui justifie sa décision par cette considération que le bénéfice d'inventaire est indivisible. Mais, comme le font très-bien remarquer MM. Demolombe et Barafort, cette indivisibilité du bénéfice d'inventaire ne se trouve nulle part dans la loi, et les successions bénéficiaires peuvent

____

(1) Barafort, n° 175. — Aubry et Rau, t. IV, 2e partie, § II, note 59.

so diviser et se divisent tous les jours aussi bien que les successions acceptées purement et simplement.

Tout en repoussant cette donnée de l'indivisibilité, M. Barafort soutient que, par suite de l'indivision de la succession dont une partie est acceptée bénéficiairement, la séparation des patrimoines produit son effet sur toute la succession. En effet, dit cet auteur : « tant qu'il » n'y a pas de partage, peut-on concevoir une par- » celle quelconque des biens de la succession autre- » ment qu'affectée par le bénéfice d'inventaire. » L'opinion de l'éminent magistrat se fonde sur un arrêt de Cassation du 25 août 1858, qui pose en principe que l'acceptation bénéficiaire de l'un des héritiers produit la séparation des patrimoines, même contre les créanciers des héritiers purs et simples ; que la cause de cette séparation est l'indivision qui, embrassant la totalité de la succession, empêche toute confusion de la part de succession qui revient aux héritiers purs et simples, avec leur propre patrimoine ; mais que cette indivision venant à cesser, la séparation qui en était la suite cessera quant aux biens que le partage fera tomber dans le lot des héritiers purs et simples. (1)

L'arrêt de la Cour de Caen précité est plus catégorique encore pour les effets qu'il attribue à l'acceptation bénéficiaire. Comme dans le système précédent, il admet que l'acceptation bénéficiaire de l'un des héritiers affectera la succession entière ; que la sépa-

_____

(1) Barafort, nº 172.

ration des patrimoines portera sur tous les biens composant cette succession ; il décide de plus que le partage ne pourra point changer cet ordre de choses, et que, même après la cessation de l'indivision, la séparation des patrimoines sera toujours maintenue, non-seulement sur les biens échus aux héritiers bénéficiaires, mais aussi sur ceux qui seront devenus la part des héritiers purs et simples.

Nous pensons qu'on ne doit suivre ni l'un ni l'autre de ces systèmes. Chaque héritier est saisi, par le fait de la mort de son auteur, de la part qui doit lui revenir dans la succession ; il peut, à son gré, accepter purement et simplement, ou sous bénéfice d'inventaire. Il est incontestable que tout héritier jouit de cette alternative ; il n'y a point dans l'espèce un régime bénéficiaire imposé par la loi aux héritiers, comme dans le cas prévu par l'art. 782 du Code Civil. Eh bien, pourquoi soumettre à ce régime, sans que la loi l'ordonne, ceux qui ont fait acte d'héritier pur et simple, ou qui, d'une façon formelle, ont accepté purement et simplement ?

Quelles seront d'ailleurs les conséquences de ce système ? Les héritiers purs et simples se trouveront liés à l'acceptation bénéficiaire ; s'ils veulent procéder à la vente, ils seront soumis aux formalités dont parle l'art. 988 du Code de Procédure Civile ; ils pourront être contraints de donner caution. N'est-il pas plus simple et plus logique de décider que l'acceptation bénéficiaire ne produira d'effet que vis-à-vis des héritiers qui en auront fait usage? La situation respective des créanciers de la succession et de ceux des héritiers se règlera d'une façon toute naturelle. Quelques-uns des héritiers ont accepté sous bénéfice d'inventaire ; la séparation des patrimoines existera de plein droit au profit des créanciers du *de cujus*, qui primeront ainsi, sur la part de succession afférente à ces héritiers, les créanciers personnels de ces derniers. La séparation n'existera pas, au contraire, sur la part des héritiers purs et simples, et si les créanciers de la succession veulent primer les créanciers personnels des héritiers purs et simples, ils devront demander la séparation des patrimoines, faute de quoi ils seront obligés de souffrir le concours desdits créanciers.

Ce n'est pas seulement après le partage, c'est aussi pendant l'indivision que la séparation résultant de l'acceptation bénéficiaire ne s'étendra point, selon nous, à la part afférente aux héritiers purs et simples. Durant l'indivision, comme lorsqu'elle aura cessé, nous trouvons deux classes d'héritiers : les héritiers bénéficiaires et les héritiers purs et simples. Pour chacune de ces classes d'héritiers la loi a établi des règles spéciales ; elles devront être observées, les deux situations devant rester indépendantes l'une de l'autre. (1)

XVIII. — Les créanciers d'une succession vacante

____

(1) Demolombe, *Succession*, vol. III, n° 173. — Art. 2205 du Code Civil. — *Sic* Lyon, 20 décembre 1855, S. 57, 2, 293.

ont-ils besoin de demander la séparation des patrimoines ? Il faut sans hésitation répondre négativement. Cette séparation a lieu de plein droit dans le cas où une succesion est vacante. Dans cette hypothèse, en effet, quand nul ne réclame la succession, les biens qui la composent se trouvent isolés de tout autre patrimoine.

Cette succession est pourvue d'une curateur qui n'a sur elle aucun droit, qui ne la confond point avec ses propres biens, qui est seulement chargé de l'administrer. Les créanciers ont pour gage les biens qui en font partie, et ce gage leur appartient d'une façon exclusive. Ils sont seuls, en effet, à exercer des droits sur cette succession, car là où il n'y a pas d'héritier il ne peut pas y avoir de créanciers de l'héritier. Ils n'ont donc nullement besoin de recourir à la demande en séparation, car la nature même des choses l'a fatalement créée ; elle existe de droit.

Si, postérieurement, un héritier se présente, son acceptation ne pourra pas dépouiller les créanciers d'un droit acquis ; elle n'aura point la force d'annuler cette séparation qui, malgré l'acceptation, conservera tous ses effets. Nous avons examiné la même question à propos de la séparation produite par l'acceptation bénéficiaire. Nous avons dit que le séparation subsiste malgré la déchéance de bénéfice d'inventaire ; il faut en dire autant dans le cas où la vacance de la succession viendrait à cesser. C'est, d'ailleurs, le seul moyen de sauvegarder les intérêts des créanciers de la succession. L'inscription, que MM. Demolombe et Barafort conseillent, ne se comprend pas ; car, d'après les termes de l'art. 2111, on voit fort bien que cette inscription n'a point été établie par la loi pour le cas où une succession est vacante, mais pour celui où il est nécessaire de se protéger contre les créanciers de l'héritier ou des représentants du défunt connus au moment où se prend l'inscription. Il ne faut donc point étendre la disposition de l'art. 2111 à un cas pour lequel il n'a pas été fait. (1)

XIX. — Il peut se faire que leur débiteur étant mort, les créanciers de la succession se trouvent en face d'un héritier en état de faillite. Dans cette hypothèse auront-ils, malgré la faillite de l'héritier, le droit de demander la séparation des patrimoines. Il est bien certain qu'ils ont un intérêt incontestable à obtenir cette séparation ; car l'héritier qui, par la confusion des biens devient leur débiteur, sera le plus souvent insolvable. Les créanciers de la succession sont donc à peu près assurés que le concours des créanciers personnels de cet héritier sera pour eux une cause de perte. Mais pourront-ils demander et faire inscrire cette séparation si utile pour la sauvegarde de leurs droits ? Le doute est possible en présence des termes de l'art. 2146 du Code Civil. Cet article porte que les inscriptions ne produisent aucun

(1) Cass., 21 janvier 1853, S. 53, 1, 417. — Amiens, 11 juin 1853, S. 53, 2, 540.

effet, si elles sont prises dans le délai pendant lequel les actes faits avant l'ouverture des faillites sont déclarés nuls. Or, dans le cas présent, l'inscription de la séparation ne serait même pas prise dans le délai dont parle l'article, mais après la faillite déclarée, ce qui, par *à fortiori*, devrait être une cause de nullité.

Remarquons bien quel est le sens et la portée de l'art. 2146. Il veut maintenir entre les différents créanciers de la faillite la position respective qu'ils ont vis-à-vis du débiteur, et empêcher ceux de ces créanciers, à qui il surviendrait des doutes sur l'état des affaires du débiteur, de venir au dernier moment inscrire une hypothèque qui leur permette de primer leurs cocréanciers. Mais l'espèce qui nous occupe ne tombe point sous l'application de cet article. Il ne s'agit pas ici de créanciers d'un failli, cherchant à frustrer leurs cocréanciers par une inscription prise au moment de la faillite, mais de créanciers qui n'ont jamais eu affaire avec le failli, et qui ne demandent qu'une chose, que leur situation, vis-à-vis de lui, soit maintenue; par conséquent l'art. 2146 ne peut, en aucune façon, s'opposer à ce que les créanciers du défunt fassent inscrire la séparation des patrimoines relativement aux biens du *de cujus*.

L'art. 448 du Code de Commerce dit que, jusqu'au jugement déclaratif de faillite, les droits d'hypothèque ou les priviléges valablement acquis, pourront être inscrits; donc, par *à contrario*, ces inscriptions ne pourront plus avoir lieu après le jugement déclaratif.

Cet article est-il applicable à la séparation dont l'inscription serait, dans notre hypothèse, postérieure au jugement déclaratif de faillite ? Non évidemment. L'art. 448 précité, comme l'art. 2146 du Code Civil, vise les inscriptions prises sur les biens du failli par des créanciers personnels de ce failli qui auraient acquis des hypothèques de son chef ; mais il ne s'occupe point des créanciers qui, pour se protéger contre ceux du failli, demandent et font inscrire la séparation du patrimoine de leur débiteur défunt. (1)

Si les créanciers du défunt ne s'inscrivent qu'après le délai de l'art. 2111, ils pourront se trouver primés par l'inscription que le syndic aurait prise au nom de la masse sur les immeubles de la succession, inscription que nous supposons avoir précédé celle des créanciers (art. 490 du Code de Commerce 3° alinéa). Le syndic, en agissant ainsi, fait inscrire une véritable hypothèque légale, car elle est créée par la loi. Si les créanciers du défunt n'accomplissent pas les formalités voulues, la séparation qu'ils auront demandée après l'expiration des délais n'aura point l'avantage de remonter au jour de l'ouverture de la succession, et leur droit se trouvera primé par les hypothèques inscrites antérieurement à cette séparation. C'est l'application pure et simple des principes de l'art. 2111.

---

(1) Paris, 23 mars 1824, S. 7, 2, 330. — Montpellier, 2 avril 1868, S. 68, 2, 283.

CHAPITRE II

A QUELLES PERSONNES EST REFUSÉ LE BÉNÉFICE DE SÉPARATION.

Les créanciers de la succession et les légataires conservent, par suite du bénéfice de séparation, un droit exclusif sur les biens du défunt ; ils évitent de la sorte le danger qu'il y aurait pour eux, si les biens du *de cujus*, s'étant confondus avec ceux d'un héritier insolvable, il leur fallait subir le concours des créanciers de cet héritier. Ces derniers courent aussi un risque : l'acceptation d'une succession peut leur être funeste, si la succession est insolvable tandis que leur débiteur est solvable. Ils auraient pu, en effet, recevoir un paiement intégral ; mais les deux patrimoines n'en formant plus qu'un, ils viendront en concours, sur ce patrimoine total, avec les créanciers du *de cujus*, et se verront réduits à ne recevoir qu'un dividende.

Auront-ils, comme les créanciers de la succession, la ressource de demander la séparation des patrimoines ?

Le droit romain refusait aux créanciers de l'héritier le bénéfice de séparation. Dans notre ancienne jurisprudence, malgré les protestations de Lebrun, qui soutenait énergiquement la tradition romaine, on leur accorda le droit qu'on leur déniait à Rome.

Le Code Civil reprend la tradition romaine, et, sous son empire, les créanciers de l'héritier n'ont pas le droit de demander la séparation des patrimoines contre les créanciers de la succession. Pourquoi cette exclusion ? Pour les mêmes raisons qu'en droit romain, à savoir qu'un débiteur a toujours le droit de contracter de nouvelles dettes, et que les créanciers dont les intérêts sont lésés, doivent s'en prendre à leur imprudence et à la confiance trop grande qu'ils ont eu le tort d'accorder à leur débiteur. Ils devaient s'attendre à ce que ce dernier fît encore des dettes ; or, l'acceptation d'une succession insolvable constitue une dette nouvelle, qui n'a pas dû sortir de leurs prévisions.

Ce raisonnement n'est pas parfaitement satisfaisant. Les créanciers de l'héritier ont dû s'attendre, dit-on, à ce qu'il contractât de nouvelles dettes ; soit. Mais, ont-ils pu croire qu'il irait accepter une succession insolvable ? Non assurément. En présence de la loi qui organise le système de l'acceptation bénéficiaire, ils n'ont pas pu supposer un seul instant que leur débiteur accepterait purement et simplement. En n'exigeant pas de lui des sûretés pour leurs créances, ils ont consenti à s'exposer à l'insolvabilité qui pourrait résulter de nouveaux engagements par lui contractés, mais non pas à celle provenant de l'acceptation pure et simple d'une succession obérée. Une pareille éventualité n'a pas pu entrer sérieusement dans leur esprit. Aussi, sur ce point, la théorie de l'ancien droit nous semble-t-elle préférable à celle du Code Civil.

S'ils n'ont pas la ressource de la séparation, les créanciers de l'héritier peuvent, sous l'empire du Code, attaquer, en vertu de l'art. 1167, l'acceptation d'une succession insolvable, faite en fraude de leurs droits. Quelle preuve devront-ils fournir pour arriver à obtenir la révocation de l'acceptation dont ils se plaignent ? En droit romain, le créancier qui agissait par l'action Paulienne devait établir que l'acte fait par son débiteur lui portait préjudice, que cet acte était frauduleux, c'est-à-dire que le débiteur l'avait fait en sachant que cet acte créait ou augmentait son insolvabilité. Lorsqu'il s'agissait d'un acte à titre onéreux, le créancier devait prouver aussi que les tiers qui avaient contracté avec le débiteur étaient complices de la fraude. Cette troisième preuve n'était pas exigée quand l'acte attaqué était à titre gratuit. Il en est de même aujourd'hui, car le Code a puisé dans l'action Paulienne des Romains les principes de l'art. 1167.

Dans laquelle de ces deux positions vont se trouver les créanciers de l'héritier ? devront-ils prouver le préjudice, la fraude de leur débiteur et la complicité des créanciers de la succession, ou seulement le préjudice et la fraude de l'héritier ? Nous admettons, avec M. Barafort (1), que les créanciers de l'héritier ne sont pas obligés de prouver la participation des créanciers héréditaires à la fraude de l'héritier ; nous estimons, en effet, que dans les rapports de l'héritier et des créan-

___

(1) Barafort, n° 34.

ciers du *de cujus*, l'acceptation d'une succession insolvable constitue vis-à-vis de ces derniers une véritable libéralité, un acte à titre gratuit. Placé en face
d'une succession insolvable, l'héritier qui connaît
cette situation n'a que deux partis à prendre : répudier la succession, ou accepter sous bénéfice d'inventaire, si les liens qui l'unissent au *de cujus* lui font
considérer la répudiation comme trop extrême ; si,
comme le dit M. Masson, dans son étude sur la Séparation des patrimoines, « l'héritier est inspiré par un
» sentiment impérieux de convenance, qui le pousse à
» regarder la répudiation de l'hoirie paternelle, comme
» une sorte d'apostasie domestique. » Mais il ne doit
pas accepter purement et simplement, car il n'y a pas
de sentiments, si beaux qu'ils soient, qui nous donnent
le droit de ruiner nos créanciers.

L'héritier ne peut donc adopter que l'une des deux
solutions qu'on vient d'indiquer ; dans un cas comme
dans l'autre, les créanciers de la succession auront pour
se payer les biens composant ladite succession, rien
de plus.

Si, au contraire, l'héritier accepte purement et simplement, il ne reçoit rien, puisque la succession est
insolvable, et devenant par son acceptation débiteur
personnel des créanciers du défunt, il leur donne le
droit de concourir sur ses biens personnels avec les
créanciers qu'il avait avant son acceptation. Il perd
aussi le droit de réclamer le montant des créances
qu'il avait contre la succession ; il donne sans rien

recevoir, et par conséquent fait bien un acte à titre gratuit.

Puisqu'il en est ainsi, les créanciers de l'héritier qui veulent attaquer cet acte, n'ont point à prouver la participation des créanciers de la succession à la fraude de l'héritier.

MM. Duranton, Aubry et Rau, se fondant sur la disposition des articles 622, 788, 1053 du Code Civil et raisonnant par analogie, décident que la preuve du simple préjudice est suffisante toutes les fois que l'acte attaqué constitue une libéralité ; adoptant cette donnée, nous dirons que, dans l'espèce qui nous occupe, les créanciers de l'héritier n'auront à prouver que le préjudice que leur cause l'acceptation pure et simple de la succession.

II. — Les créanciers d'une communauté entre époux jouissent-ils du bénéfice de séparation des patrimoines vis-à-vis des créanciers personnels des époux ?

Toullier répond négativement ; M. Barafort admet cette solution, et avec raison selon nous (1). Dans l'ancien droit on ne trouve aucun indice qui fasse supposer que cette séparation fut accordée aux créanciers de la communauté, et rien ne porte à croire que sur ce point le Code ait entendu innover. L'art. 1476 ne vient point combattre cette opinion ; s'il renvoie au titre des Successions, c'est seulement en ce qui touche le

____

(1) Toullier, tome XIII, n° 211. — Barafort, n° 35.

partage et ses effets; or, ce n'est point à propos du partage que la loi parle de la séparation des patrimoines. Cette matière est réglée dans la section consacrée au paiement des dettes, et nous n'avons aucun emprunt à y faire pour compléter le titre du contrat de mariage. Le paiement des dettes de la communauté est réglé d'une façon complète dans le paragraphe 24, section V, chapitre II du titre en question. Dans ce paragraphe, le Code organise entièrement et spécialement le paiement des dettes de la communauté, et ce serait ajouter à la loi que d'appliquer dans ce cas certaines dispositions contenues au titre des Successions, quand le législateur n'a pas prescrit de le faire.

III. — Si, en faisant un legs au profit d'une personne, le testateur avait dit que ce légataire ne pourrait pas demander la séparation des patrimoines, cette prohibition produirait son effet, et le légataire ne serait pas admis à jouir du bénéfice de la séparation. Les légataires ne tiennent leur droit que de la libéralité du défunt, qui aurait pu ne pas leur donner; cela est de toute évidence. Il a voulu cependant faire une disposition à leur profit, et cette disposition purement bienveillante de sa part, il l'a restreinte en ce sens qu'il défend aux légataires d'user de la séparation des patrimoines; il avait incontestablement le droit d'imposer des conditions, et ces conditions doivent être respectées. (1)

(1) Angers, 22 novembre 1850.

IV. — L'Etat, créancier des droits de mutation, jouira-t-il du bénéfice de séparation des patrimoines ? Il faut répondre négativement. Les droits de mutation dus à l'Etat ont pour cause la transmission de propriété aux héritiers, donataires et légataires. La loi du 22 Frimaire an VII, qui les astreint à faire les déclarations qu'elle ordonne, met à leur charge l'acquittement des droits ; c'est par conséquent pour l'Etat une créance non pas contre la succession, mais contre les héritiers, donataires ou légataires. C'est dans la classe des créanciers personnels de ces derniers que vient se placer l'Etat ; il ne peut donc pas demander la séparation des patrimoines. (1)

❧

CHAPITRE III

QUELS SONT LES BIENS SUR LESQUELS PEUT PORTER LA DEMANDE EN SÉPARATION ?

L'art. 878 dispose que les créanciers peuvent demander la séparation du patrimoine du défunt d'avec le patrimoine de l'héritier. Cette formule est bien générale. Aussi, à la question qui vient d'être posée : quels sont les biens sur lesquels s'exerce la séparation,

(1) Cass., 24 juin 1857, S. 57, 1, 438.

on peut répondre *à priori :* tous les biens du défunt.

A ce principe nous trouverons des exceptions ; car certains biens, faisant partie du patrimoine du défunt, de la masse partageable, ne pourront cependant pas être attribués comme garantie exclusive aux créanciers de la succession et aux légataires. Nous allons parcourir quelques espèces dans lesquelles nous trouverons des biens susceptibles et d'autres non susceptibles de séparation.

I. — Les biens qui, par l'effet d'un rapport ou d'une réduction ont fait retour à la masse partageable, ne peuvent être séparés. La loi elle-même, dans les art. 857 et 921, pose le principe sur lequel se fonde cette décision, et fait cesser la controverse qui existait sur ce point dans l'ancien droit. L'art. 857 décide que le rapport n'est dû que par le cohéritier à son cohéritier et non pas aux légataires ni aux créanciers de la succession. L'art. 921 donnant à propos de la réduction des donations une solution analogue, nous apprend que cette réduction ne peut être demandée que par les héritiers réservataires, que les créanciers et légataires n'ont point le droit de l'exiger ni même d'en profiter quand elle a eu lieu.

Ces prescriptions de la loi sont empreintes d'une rigoureuse logique. Le rapport a pour but de rétablir entre les cohéritiers l'égalité, ce principe fondamental des successions, lequel serait violé si les cohéritiers avantagés venaient à la succession, tout en conservant les biens que le *de cujus* leur avait donnés de son vivant. Les créanciers et légataires n'ayant absolument rien à prétendre sur les biens rapportés, ne pourront point en demander la séparation.

Quant à la réduction, c'est une protection que la loi accorde à ces héritiers privilégiés qu'on appelle réservataires, contre les libéralités excessives du défunt ; c'est l'assurance que leur réserve ne sera point entamée. Cette réduction n'est pas établie dans l'intérêt des créanciers ni des légataires, qui ne peuvent pas participer à une faveur que la loi accorde à certains héritiers, à cause des liens qui les unissent au *de cujus*. Par conséquent, les biens que la réduction retranche aux donataires ne sont pas susceptibles d'être séparés pour devenir le gage exclusif des créanciers et légataires (1).

Il pourrait arriver que les créanciers dont nous parlons profitassent du rapport effectué, et même eussent le droit de le demander. Mourlon (2) explique dans quel cas ; et ce qu'il dit du rapport s'applique aussi à la réduction. Les créanciers personnels d'un héritier ont le droit de se faire payer sur tous les biens qui appartiennent à leur débiteur, et par conséquent sur les biens qu'il a obtenus par suite d'un rapport effectué par ses cohéritiers ; ils peuvent même, s'il néglige de demander ce rapport, l'exiger de son chef, conformément au principe de l'art. 1166. Or, nous supposons

(1) Demolombe, *Succession*, t. V, n° 129. — Barafort, n° 135.

(2) Mourlon, t. II, page 192, n° 408.

que l'héritier a accepté purement et simplement la succession ; les créanciers de la succession qui sont devenus ses créanciers personnels par suite de son acceptation, peuvent donc profiter du rapport effectué, et même l'exiger si l'héritier ne le fait pas. Mais, n'oublions pas une chose, et Mourlon en fait la remarque, les créanciers en question ne sont plus créanciers de la succession, ils sont créanciers personnels de l'héritier. C'est en cette qualité qu'ils peuvent profiter du rapport et même le demander, parce que tous les biens d'un débiteur forment le gage de ses créanciers ; l'exclusion des créanciers de la succession relativement aux biens rapportés ou retranchés aux donataires, et l'impossibilité de demander la séparation quant à ces biens, demeurent entières.

II. — La séparation pourrait être accordée sur un bien acquis en échange d'un bien héréditaire. Comment le bien reçu par l'héritier doit-il être considéré vis-à-vis de celui qui a été échangé ? Comme la représentation exacte de ce dernier. Il ne se trouve, en effet, dans la masse formant le patrimoine de l'héritier, que parce que le bien échangé en est sorti ; c'est là la cause immédiate de l'acquisition de la chose reçue en contre-échange ; cette dernière est considérée comme une dépendance du patrimoine du défunt. Aussi, quand le créancier obtiendra la séparation des patrimoines, l'objet que l'héritier a reçu en échange, devra être compris parmi les biens séparés. On peut, en effet, voir là une véritable subrogation, et dire avec M. Barafort que c'est le cas ou jamais d'appliquer la règle : *Subroga-tum capit naturam subrogati.* La doctrine est una-nime sur ce point.

III. — Les fruits naturels ou civils produits par les biens héréditaires depuis le décès et avant la de-mande en séparation, ne doivent pas être atteints par cette séparation.

On dit, il est vrai, que cette doctrine est contraire au principe qui fait produire à la séparation un effet rétroactif remontant au jour du décès ; mais cet effet rétroactif ne peut pas être invoqué dans l'espèce, car les fruits dont il s'agit, se confondant avec le patri-moine de l'héritier dès qu'il sont perçus, la séparation est devenue impossible. En définitive, il est juste que l'héritier profite de ces fruits ; il faut bien au moins lui donner la position d'un possesseur de bonne foi. Ce dernier fait les fruits siens, et on voudrait que l'héritier en fût privé ? Ce ne serait pas logique.

L'héritier doit, dans le cas qui nous occupe, être traité plus favorablement encore que le possesseur de bonne foi, car sa situation réelle vis-à-vis des biens de la succession est celle d'un propriétaire ; cela est d'une incontestable évidence ; cette qualité de pro-priétaire lui est transmise par le défunt. Quant aux fruits, l'héritier n'emprunte pas son titre de proprié-taire au défunt ; il l'a de son propre chef. Ce titre produit son effet sur les fruits dès qu'ils peuvent être acquis et les fait tomber à ce moment dans le patri-moine de l'héritier. Ces fruits n'ont, par conséquent, jamais fait partie de la succession, et ne peuvent pas être compris dans les biens soumis à la séparation, puisqu'elle n'embrasse que les biens héréditaires (1).

IV. — Nous verrons plus loin si la séparation est possible relativement aux biens de la succession, constitués en gage, antichrèse, ou donnés à bail par l'héritier. Chapitre V, section IV, n°s 5, 6, 7, 8.

V. — Il est évident aussi que les créances du défunt sont sujettes à séparation, et, parmi ces créances, il faut comprendre celles que le *de cujus* avait contre son héritier. La séparation aura précisément pour effet d'empêcher la confusion qui viendrait éteindre ses créances; elles font partie des biens du défunt; aussi, est-ce sans aucun doute qu'on doit dire qu'elles seront séparées au bénéfice des créanciers de la succession.

VI. — Si une donation entre-vifs était révoquée dans les circonstances où la loi admet la révocation, les biens que comprenait cette donation étant, par suite de la révocation, rentrés dans le patrimoine du donateur, seraient certainement susceptibles de séparation dans l'intérêt des créanciers de la succession. Nous ne sommes plus ici dans le cas d'un rapport qui ne peut profiter qu'aux cohéritiers de celui qui opère ce rapport, ou dans celui d'une réduction établie pour les héritiers réservataires seulement. Dans notre hypothèse, la

(1) Grenier, *Hypothèques*, t. II, n° 436. — Rolland de Villargues, n° 55. — Dubreuil, chap. VI, n° 3. — *Contra* Lebrun. — Barafort, n° 141. — Demolombe, *Succ.*, t. V, n° 132.

donation n'existe plus ; les biens donnés rentrent dans le patrimoine du donateur ; les effets de la révocation ne sont point restreints par la loi au donateur et à ses héritiers, et peuvent donc très-certainement être invoqués par les créanciers de la succession.

VII. — Dans le cas où il y aurait eu partage d'ascendant, les créanciers de l'ascendant pourront-ils faire porter leur demande en séparation sur les biens partagés ?

Ces partages ne peuvent être faits que par acte de dernière volonté, dans la forme des testaments, ou par acte entre-vifs, dans celle des donations.

Si ce partage a lieu par testament, il est incontestable que le droit des descendants à la succession prend naissance , non pas dans le partage, mais dans leur qualité d'héritiers ; le partage intervenu dans la forme d'un testament a pour but et pour effet, non pas de créer le droit, mais d'en régler l'exercice. La position des descendants est celle des héritiers ordinaires ; les biens qui leur sont dévolus leur viennent par succession et sont par conséquent susceptibles d'être séparés sur la demande des créanciers du défunt.

Si le partage a été fait entre-vifs, la solution doit être la même. En effet, l'acte, quoique intervenu dans la forme d'une donation, n'est pas à proprement parler une donation ; c'est un partage. C'est là le terme dont la loi se sert, et avec raison, pour le désigner. Ce n'est pas, à vrai dire, une libéralité, mais plutôt la consécration d'un droit de succession ; aussi, le créancier se trouvant en face d'héritiers, peut demander la séparation des patrimoines relativement aux biens à eux dévolus. (1)

VIII. — Après avoir réglé les partages d'ascendants, le Code s'occupe des institutions contractuelles. La séparation serait-elle possible sur les biens compris dans ces dispositions ?

Elles peuvent être faites, comme nous le voyons dans l'art. 1082, soit par des parents des époux, soit par des étrangers. Si elles sont faites par une personne dont l'époux donataire est héritier, elles sont une consécration du droit de succession ; si elles proviennent d'un étranger, elles établissent au profit de l'institué un droit de succession testamentaire ; il se trouve dans la situation d'un légataire universel ou à titre universel ; comme tel, il est tenu des dettes. Dans les deux cas, c'est-à-dire que l'institution contractuelle soit faite par un parent dont l'époux est héritier, ou par un étranger, la séparation pourra être demandée par les créanciers du donateur relativement aux biens donnés de cette manière.

———————

(1) Marcadé, tome IV, n° 263. — *Sic* Bordeaux, 14 juillet 1836, S. 37, 2, 224.

CHAPITRE IV

DES PERSONNES CONTRE LESQUELLES LA SÉPARATION S'EXERCE.

Pour savoir quelles sont les personnes contre qui la séparation s'exerce, lisons l'art. 878 ; il s'exprime catégoriquement à ce sujet. Nous y voyons que la séparation peut être demandée contre tout créancier ; c'est dire nettement que les créanciers de l'héritier, quelle que soit la faveur que la loi accorde à leur créance, se verront exclus sur les biens de la succession par les créanciers du *de cujus* qui auront obtenu la séparation des patrimoines ; la fortune du défunt sert de gage exclusif à ses créanciers.

I. — La séparation pourrait-elle être demandée contre l'héritier ? Nous répondrons négativement.

Un argument de texte se présente tout d'abord pour justifier cette solution. L'art. 878 porte, que les créanciers du défunt pourront demander, *contre tout créancier*, la séparation des patrimoines ; mais il ne dit pas du tout que cette demande puisse être dirigée *contre l'héritier*. Dans les autres articles qui ont trait à la séparation, rien n'indique que la loi ait eu l'idée de soumettre l'héritier lui-même à cette demande en séparation ; ce silence du Code paraît très-significatif. (1)

(1) Voir dans ce sens : Poitiers, 8 août 1828, S. 28, 2, 135.

Un arrêt de la Cour de Paris, du 15 novembre 1856, a jugé la question dans le sens contraire. En examinant les termes de cette décision et en combattant les raisons sur lesquelles elle s'appuie, nous justifierons notre solution.

« Attendu, dit l'arrêt, que la demande en sépara-
» tion a pu être intentée contre l'héritier d'une ma-
» nière valable, toute action pouvant être utilement
» formée contre celui qui a intérêt à y défendre, et
» telle étant en matière de séparation des patrimoines
» la situation de l'héritier ;

« Attendu, en effet, que cette action a pour but et
» doit avoir pour résultat de le priver des moyens de
» libération, que le patrimoine de son auteur lui avait
» donnés, etc. »

Quel intérêt peut avoir l'héritier à s'opposer à la séparation des patrimoines ? On ne le voit pas. Si la succession est insolvable, il aura soin de ne l'accepter que sous bénéfice d'inventaire, et par ce moyen produira lui-même la séparation. Si la succession est bonne, que lui importe la séparation, puisque tout ce qui restera après le paiement des créanciers du défunt lui appartiendra ?

L'arrêt précité dit que la séparation prive l'héritier des moyens de libération que lui aurait fournis le patrimoine du défunt. Voyons la valeur de cette objection. Supposons la succession solvable et l'héritier insolvable. S'il n'y a pas séparation, les biens de la succession réunis aux siens formeront une masse, sur laquelle ses créanciers personnels et les créanciers du *de cujus*, devenus aussi ses créanciers personnels, seront payés au marc le franc. Tous les créanciers recevront un dividende ; la libération sera donc incomplète vis-à-vis de tous. S'il y a séparation, les créanciers de la succession seront payés intégralement, et le dividende des créanciers personnels de l'héritier sera moins considérable. Voilà comment l'héritier sera privé des moyens de libération que la succession lui donnait. Mais n'oublions pas une chose, l'héritier succède au défunt avec l'obligation d'acquitter intégralement les dettes de la succession. Si la séparation n'est pas demandée, chacun ne recevra qu'un dividende, comme on l'a dit ; l'héritier, obligé de payer intégralement tous ses créanciers, tant les siens que ceux qui étaient à l'origine créanciers du défunt, ne remplira cette obligation ni au profit des uns, ni au profit des autres. Si, au contraire, les biens du défunt sont séparés, l'héritier se trouvera libéré au regard d'un certain nombre de ses créanciers ; les autres recevront moins sans doute, mais une partie des dettes seront éteintes. Comment donc l'héritier pourrait-il se plaindre des effets de la séparation ?

Quant aux créanciers de l'héritier, ils ont intérêt à s'opposer à la séparation lorsque la succession est solvable. Il est bien vrai que dans ce cas, ce qui restera après le paiement des créanciers de la succession reviendra à l'héritier, et par conséquent à ses créanciers ; mais le résultat ne sera pas le même que, si par l'effet de la confusion, tous les créanciers, ceux du défunt et ceux de l'héritier, étaient venus au marc le franc.

La différence se verra facilement en prenant des chiffres.

Soient une succession dont l'actif monte à 200,000 francs, le passif à 100,000, et un héritier qui a 100,000 francs de biens et 400,000 de dettes. Supposons qu'il y ait séparation; les créanciers de la succession seront payés intégralement. Il restera 100,000 francs qui viendront se réunir aux biens de l'héritier, et concourront à lui former un actif de 200,000 francs; il a 400,000 francs de dettes, ses créanciers recevront la moitié du montant de leurs créances.

S'il n'y a pas de séparation, le dividende que toucheront les créanciers de l'héritier va augmenter. L'actif de la succession, joint aux biens de l'héritier, donne une masse de 300,000 francs; le passif total s'élève à 500,000 francs; tous les créanciers venant au marc le franc, chacun d'eux recevra une part de sa créance, correspondante à la proportion qui existe entre 300,000 et 500,000 francs, c'est-à-dire trois cinquièmes. Les créanciers de l'héritier qui, en cas de séparation, auraient touché la moitié de leurs créances, recevront les trois cinquièmes si la confusion persiste; ils ont donc un intérêt évident à repousser la séparation. Cet intérêt n'existe pas chez l'héritier; dès lors ce n'est pas contre lui, mais contre ses créanciers, que la séparation doit être demandée.

II. — S'il y a plusieurs héritiers, la séparation peut être demandée contre les créanciers de l'un des héritiers seulement, et même contre un seul créancier de l'un des héritiers. (1)

III. — Les créanciers d'une succession peuvent-ils obtenir la séparation contre les créanciers de l'acquéreur de la totalité ou d'une quote-part de cette succession ?

Avant de résoudre la question, voyons quelle est la position de cet acquéreur. M. Demolombe considère le cessionnaire des droits successifs comme un acquéreur à titre singulier, qui n'est pas, vis-à-vis des créanciers héréditaires le représentant du défunt, et ne devient pas leur débiteur personnel. Nous aimons mieux dire, avec M. Barafort, et en nous fondant sur un arrêt de la Cour de Lyon, du 17 novembre 1850, que la cession des droits, substituant un tiers au lieu et place de l'héritier, met sur la tête de ce tiers les obligations du cédant ; que le cessionnaire est le représentant du cédant qu'il remplace, et que les créanciers de la succession peuvent exercer contre lui tous les droits qu'ils auraient eu contre l'héritier s'il fût resté possesseur de la succession (2).

On peut se reporter aux art. 1696, 1697, 1698 du

<hr>

(1) Duranton, t. VII, n° 468. — Demante. — Demolombe, Succ., t. V, n° 125.

(2) Motifs déduits par l'arrêt de Lyon du 17 novembre 1850, et reproduits par M. Barafort, n° 49.

Code Civil : ils prouvent que c'est bien ainsi que la loi considère le cessionnaire dont nous nous occupons. La séparation des patrimoines ne peut pas être demandée contre lui. Nous avons dit que l'héritier n'était pas soumis à cette demande. Il en résulte naturellement que le cessionnaire le remplaçant n'y est pas soumis non plus. Ses créanciers seront, comme l'auraient été ceux de l'héritier, primés par les créanciers de la succession, qui pourront user de la séparation. Le cessionnaire se trouvant dans la même position que l'héritier cédant, ses créanciers, par une conséquence logique, seront traités comme ceux de ce dernier.

CHAPITRE V

DE LA PERTE DU DROIT DE SÉPARATION.

Diverses causes peuvent priver les créanciers du défunt et les légataires de la sauvegarde que la loi établit à leur profit par la séparation des patrimoines.

Nous allons examiner ces causes de déchéance, et pour procéder par ordre, nous en distinguerons quatre : *la novation, la confusion, la prescription, l'aliénation des biens de la succession.*

SECTION I

DE LA NOVATION.

Art. 879 : « Ce droit ne peut cependant plus être
» exercé, lorsqu'il y a novation dans la créance contre
» le défunt, par l'acceptation de l'héritier pour débi-
» teur. »

Ainsi, l'acceptation de l'héritier pour débiteur
constitue ce que la loi appelle *novation*, et fait perdre
le droit de demander la séparation des patrimoines.

Mourlon voit là une novation *sui generis :* « la no -
» vation proprement dite est l'extinction de la dette
» par une autre dette qui la remplace, tous les acces-
» soires de la première dette, hypothèque, gage, cau-
» tionnement, s'éteignent avec elle. Dans l'espèce,
» l'acceptation que le créancier héréditaire fait de
» l'héritier comme débiteur n'opère aucun change-
» ment de dette ; la novation résultant de l'acceptation
» n'a d'autre effet que de faire perdre le droit de de-
» mander la séparation des patrimoines. » (1)

Marcadé dit que c'est là une véritable novation par
changement de débiteur, parce que le créancier qu
peut demeurer créancier de la succession du défunt,
consent à devenir celui de l'héritier. (2) L'opinion de
Mourlon nous paraît plus rigoureusement vraie que

(1) Mourlon, t. II, p. 222, n° 459.
(2) Marcadé, t. III, n° 393, note 1.

celle de Marcadé ; car l'héritier représentant le défunt, il est exact de dire qu'en devenant le créancier de l'héritier on demeure celui du défunt. Nous pensons donc, comme Mourlon, que la novation de l'art. 879 est une novation *sui generis*. Elle ne produit qu'un effet ; elle fait perdre au créancier le droit de demander la séparation des patrimoines. (1)

Quant à la question de savoir quels faits constitueront cette novation spéciale, la loi ne l'a pas résolue. C'est un point laissé à l'appréciation des tribunaux, et comme la loi est muette, la décision des juges ne pourra pas donner ouverture à cassation. Ils examineront la nature de l'acte émané du créancier, et ils verront s'il en ressort qu'il ait voulu suivre la foi de l'héritier, et l'accepter pour débiteur. Dans le cas où cette volonté apparaîtra chez le créancier, il y aura novation dans le sens de l'art. 879.

Parcourons rapidement quelques espèces. Dans les unes, nous verrons la novation de l'art. 879 bien caractérisée ; d'autres, au contraire, nous montreront le créancier se mettant en rapport avec l'héritier, mais sans la moindre intention d'abandonner sa créance contre le défunt, pour devenir désormais le créancier personnel de cet héritier.

I. — La simple prorogation de délai consentie par

---

(1) Cass. 7 décembre 1814, S. 14, 1, 640. — Cass., 3 février 1857, S. 57, 1, 330. — *Sic* Toullier, t. VII, n°ˢ 283, 284 — Demante, t. III, n° 220 *bis*. — Demolombe, *Succ.*, t. V, n° 157. — Barafort, n° 64.

le créancier, ne constitue pas une novation ; l'intention
d'accepter l'héritier pour débiteur ne se voit point
dans ce cas. Cette prorogation est surtout accordée par
le créancier à la succession elle-même, sa véritable débitrice représentée par l'héritier qui en est l'administrateur.

II. — Le fait de la part du créancier d'accepter des
intérêts ou arrérages à lui payés par l'héritier ne serait
pas non plus une novation. L'héritier, chargé d'administrer la succession, est autorisé à faire ces paiements,
et, quand ils sont opérés entre les mains du créancier,
ce dernier n'entend pas agir avec son débiteur proprement
ment dit, mais avec un administrateur légalement
chargé de payer les intérêts ou arrérages à lui dus par
la succession. Si, au lieu d'avoir simplement accepté
ces intérêts ou arrérages, le créancier les avait exigés,
la solution devrait être la même, pourvu qu'en agissant ainsi, le créancier n'eût pas fait entendre qu'il
acceptait l'héritier pour débiteur. (1)

III. — La novation ne serait point la suite de la
signification à l'héritier d'un acte exécutoire contre le
défunt, et de poursuites opérées par le créancier.
L'héritier, on peut le dire, n'est point ici en cause ; le
créancier a un titre exécutoire ; il le signifie au défunt
représenté par son héritier ; mais il n'entend pas pour
cela avoir, juridiquement parlant, des rapports per-

(1) Paris, 1er nivôse an XIII, S. V. 2, 2, 12. — Paris, 23
mars 1824, S. 7, 2, 30.

sonnels avec ce dernier. S'il s'adresse à lui, c'est qu'il tient légalement la place du débiteur décédé, et que seul il peut répondre aux poursuites ; mais, en réalité, c'est le défunt qui est actionné. (1)

IV. — Si le créancier acceptait une délégation à lui offerte par l'héritier, il faudrait voir là une novation rendant désormais impossible la demande en séparation ; c'est bien, en effet, considérer l'héritier comme son débiteur, c'est suivre sa foi que de consentir à ce qu'il vous procure l'engagement d'un tiers, qui doit payer en son lieu et place. (2)

V. — La solution serait la même dans le cas où le créancier aurait accepté de l'héritier, pour la garantie de sa créance, une caution, un gage ou une hypothèque. Il est certain que lorsque les sûretés dont il s'agit sont constituées par une personne au profit d'une autre, c'est qu'il existe entre les parties les relations de créancier à débiteur.

En recevant la caution, le gage ou l'hypothèque, le créancier traite l'héritier comme son débiteur ; il nove sa créance dans le sens de l'art. 879.

Et, quand bien même ces sûretés ne se trouveraient pas suffisantes, la novation serait cependant accomplie. Le droit romain le décidait ainsi, et nous ne pouvons

(1) On trouve les cas, ci-dessus exposés, résolus dans le sens indiqué dans le tome V *du Traité des Successions*, de M. Demolombe, nᵒˢ 158 et suivants et dans le *Traité de la Séparation*, de M. Barafort, nᵒˢ 78 et suivants.
(2) Duranton, t. VII, nᵒ 497.

que rappeler le motif qu'invoquait Ulpien : le créancier aurait dû n'accepter que des sûretés capables de sauvegarder ses intérêts ; s'il a agi légèrement, qu'il supporte les conséquences de son imprudence. (1) Remarquons, toutefois, que si l'héritier avait donné ces garanties à créance *contre le défunt*, il se trouverait dans la position d'un tiers venant cautionner la dette d'autrui ; il n'agirait pas dans cette espèce comme débiteur, et la novation de l'art. 879 ne se produirait pas.

VI. — Consentir à la conversion d'un capital en une rente, produirait novation. Et même, dans ce cas, ce serait non pas seulement la novation de l'art. 879, mais une véritable novation par la substitution d'une nouvelle dette à l'ancienne (art. 1271 du Code Civil); car une créance portant sur les arrérages d'une rente n'est point la même que celle qui a un capital pour objet. (2)

VII. — Le créancier qui poursuivrait l'expropriation des biens personnels de l'héritier indiquerait par là, de la manière la plus évidente, qu'il entend le regarder comme son débiteur ; il perdrait le droit de demander la séparation. Il est incontestable qu'il ne peut exproprier l'héritier qu'à la condition de le considérer comme son débiteur.

---

(1) Maleville, t. II, p. 345. — Grenier, n° 436. — Duranton, t. VII, n° 494.

(2) Pothier, n° 554. — Duranton, t. XII, n°s 288 et 303. — Toullier, t. VII, n°s 280 et 305.

Mais quelque certaine que soit cette proposition, il faut cependant prendre garde de trop l'étendre. Il pourra effectivement se présenter certains cas dans lesquels le créancier poursuivra l'héritier sur ses biens personnels, sans cependant être déchu pour cela du bénéfice de séparation. Si le créancier était à la fois créancier du défunt et de l'héritier, il pourrait agir contre ce dernier sans que l'on vit dans son action la novation de l'art. 879. Il en serait de même, si l'héritier avait garanti la dette du défunt, soit en le cautionnant, soit en donnant hypothèque sur ses biens personnels. Dans ces circonstances rien ne prouve que le créancier, en s'adressant à l'héritier, entende l'accepter pour débiteur, il l'actionne parce que l'héritier est tenu d'une dette personnelle vis-à-vis de lui, ou parce qu'il a garanti l'obligation du défunt. (1)

VIII. — La production dans un ordre ouvert sur l'héritier, pour la distribution des deniers provenant de la vente de ses biens, de même que la production dans la faillite de l'héritier, doivent être considérées comme entraînant la novation de l'art. 879. Dans les deux cas, comme le dit très-bien M. Barafort, « le » créancier héréditaire veut être payé, se fait payer » en réalité de tout ou partie de sa créance contre le » défunt sur le produit des biens personnels de l'hé- » ritier. Il accepte donc celui-ci pour débiteur. »

Après avoir parcouru ces quelques hypothèses à titre

(1) Cass., 22 juin 184'. S. 41, 1, 728.

d'exemple, il faut faire deux remarques.

S'il existe plusieurs héritiers et que le créancier ait fait novation avec l'un d'eux, cette novation ne lui enlève pas le droit de demander la séparation des patrimoines vis-à-vis des autres héritiers. Cette solution se justifie d'elle-même. Parmi les héritiers en effet, les uns peuvent offrir des garanties de solvabilité qu'on ne trouve pas chez les autres. Il est tout naturel, dès lors, que le créancier accorde aux premiers une confiance qu'il refuse aux derniers ; il accepte les uns pour débiteurs, ce qu'il ne veut pas faire à l'égard des autres. La novation ne peut pas produire d'effet général, ce serait contraire à son principe, car elle n'existe que lorsqu'il est démontré que le créancier a accepté l'héritier pour débiteur. Dans l'espèce, le créancier n'a suivi la foi que de l'un ou de quelques-uns des héritiers, la novation n'est opérée que vis-à-vis d'eux seuls ; relativement aux autres, le créancier demeure en possession du droit que la loi lui accorde dans l'art. 878. (1)

Quand le *de cujus* a laissé plusieurs créanciers, si l'un d'entre eux, ou quelques-uns seulement, font novation avec l'héritier, les autres conservent la faculté de demander la séparation ; mais, quand ils l'auront obtenue, les créanciers qui ont fait novation ne pourront pas concourir avec eux sur les biens de la succession. La raison en est simple, comme le remarque

(1) Cass., 3 février 1857. — Dal, 57, 1, 49.

M. Masson, dans son étude sur la Séparation des patrimoines : en faisant novation, les créanciers héréditaires sont devenus créanciers personnels de l'héritier; or, à ce titre, ils ne peuvent pas demander la séparation des patrimoines (art. 881); ils ne doivent pas par conséquent profiter de celle qu'ont obtenue les autres créanciers de la succession.

SECTION II

DE LA CONFUSION.

La confusion se produira quand les biens du défunt, soit meubles, soit immeubles, seront mélangés avec ceux de l'héritier, de manière à ce que la distinction en devienne impossible.

Pouvant se présenter fréquemment pour les meubles, cette confusion sera, au contraire, assez rare pour les immeubles ; nous en verrons cependant un exemple. Les créanciers de la succession ne sauraient prendre trop de précautions pour empêcher la confusion. La loi leur permet de faire des actes conservatoires de leurs droits ; qu'ils se gardent bien d'y manquer ; qu'ils fassent apposer les scellés, si déjà cette formalité n'a pas été remplie ; qu'ils s'opposent à ce qu'ils soient levés hors de leur présence ; qu'ils procèdent à la confection d'un inventaire.

Nous croyons, avec M. Barafort, qu'ils peuvent, par application de l'art. 807 du Code Civil et en invoquant un argument d'analogie, demander que l'héritier donn.› caution de la valeur du mobilier compris dans l'inventaire, faute de quoi les meubles seraient vendus et le prix consigné, pour être employé à l'acquittement des charges héréditaires. Ils ont aussi la faculté de pratiquer des saisies-arrêt entre les mains des débiteurs.

Si, faute par le créancier d'avoir usé des moyens indiqués, la confusion vient à s'opérer, la séparation des patrimoines ne sera plus possible. Et il est bon de remarquer que l'inventaire des meubles ne suffirait pas pour sauvegarder d'une façon complète les droits des créanciers. La vente de ces meubles à un acheteur de bonne foi qui aurait payé le prix, mettrait obstacle à la séparation, car ce paiement entre les mains de l'héritier serait la cause d'une confusion. Les créanciers feront donc bien de surveiller l'héritier, et s'ils s'aperçoivent qu'il vend les meubles héréditaires, ils devront s'empresser de saisir-arrêter le prix entre les mains de l'acquéreur.

I. — Nous voyons apparaître la confusion dans le cas où les meubles de l'héritier et ceux faisant partie de la succession auraient été vendus en même temps, pour un seul prix; mais il est admis que, s'il y avait possibilité de distinguer la portion de prix afférente aux meubles de la succession de celle représentant la valeur des meubles de l'héritier, il est admis, disons-nous, que dans ce cas la séparation pourrait être demandée.

II. — Si les immeubles héréditaires avaient été aliénés conjointement avec ceux de l'héritier et pour un prix unique, comme nous venons de le voir pour les meubles, il se produirait un effet identique. Ce serait la confusion relativement à des immeubles, confusion dont plus haut nous annoncions devoir donner un exemple. Mais si la distinction dont nous venons de parler, à propos du prix de vente des meubles, était possible dans l'hypothèse qui nous occupe maintenant, la séparation serait aussi accordée aux créanciers héréditaires. La doctrine est unanime pour décider ainsi la question, et la jurisprudence s'est plusieurs fois prononcée dans ce sens. (1)

SECTION III

DE LA PRESCRIPTION.

Suivant les traditions de la jurisprudence romaine, notre Code Civil range la prescription parmi les modes extinctifs du droit de demander la séparation des patrimoines.

La prescription romaine s'accomplissait, nous le savons, par cinq ans, sans qu'il y eût à distinguer si les biens composant la succession étaient meubles ou immeubles.

(1) Cass., 25 mai 1812, S. 12, 1, 365. — Riom, 3 août 1826, — Dal, 29, 2, 107. — Grenoble, 7 février 1827. — Dal, 28, 2, 99. — Grenoble, 9 mars 1831. — Dal, 32, 2, 206.

Notre ancienne jurisprudence avait à peu près una-
nimement repoussé le délai romain. On décidait généralement alors que la séparation pouvait être demandée
tant que les biens de la succession n'étaient pas confondus avec ceux de l'héritier, quelle que fût la nature
des biens, et sans qu'on eût besoin de se préoccuper
du laps de temps écoulé depuis le moment où la demande en séparation était possible de la part des créanciers.

I. — L'art. 880 qui établit la prescription en notre
matière, est le résultat de la combinaison du système
romain et de celui de l'ancienne jurisprudence. Il s'exprime en ces termes : « Il (le droit de séparation) se
» prescrit relativement aux meubles par le laps de
» trois ans ; à l'égard des immeubles, l'action peut être
» exercée tant qu'ils existent dans la main de l'héri-
» tier. » Le Code, comme on le voit, restreint, tout
en le conservant comme principe quant aux meubles,
le délai que le droit romain avait établi ; quant aux
immeubles, il repousse le délai, et suit en cela les errements de notre ancienne jurisprudence.

Le délai de cinq ans a paru avec raison trop étendu
pour la prescription relativement aux meubles ; les
rédacteurs du Code l'ont abaissé à trois ans. Peut-
être eussent-ils mieux fait encore, s'ils l'avaient réduit
davantage. A notre époque, avec l'accroissement de
la fortune mobilière qui de plus en plus devient l'objet
de rapides et fréquentes transmissions, il est fort
probable que, bien avant la fin du délai de trois ans,

l'aliénation, cause de déchéance, comme nous le verrons bientôt, aura rendu impossible la demande en séparation. Une prescription plus courte, en menaçant les créanciers d'une déchéance à bref délai, eût été pour eux un salutaire avertissement et un engagement à se hâter.

La tradition romaine, dont on vient de parler, est certainement bonne à suivre dans certains cas ; mais, si on le fait trop servilement, on s'expose à soutenir des théories impossibles à admettre sous l'empire de notre loi actuelle. C'est là ce qui est arrivé à MM. Aubry et Rau, quand ils recherchent quel est le point de départ de la prescription triennale de l'art. 880. Ces auteurs, se fondant sur le droit romain, font commencer cette prescription du jour de l'acceptation de la succession. Le droit romain disait en effet : *Ultra quinquennium annum post aditionem.* Mais remarquons une chose : l'adition dont parle le texte était nécessaire alors pour conférer à l'héritier externe la possession de l'hérédité ; jusqu'à cette adition, le patrimoine de la succession n'était point confondu avec celui de l'héritier ; les créanciers n'avaient donc point à demander une séparation sans objet. Après l'adition, la confusion se produisait et faisait naître pour les créanciers un intérêt véritable à demander la séparation. Ils avaient le droit d'y recourir ; ce droit apparaissait au moment où ils avaient besoin d'en faire usage, c'est-à-dire, après que l'adition avait réuni dans une seule masse les biens du défunt et ceux de son héritier. C'était alors aussi, et seulement alors, que la prescription commençait à courir, car il est d'une évidence incontestable que la prescription ne peut s'ouvrir contre un droit que lorsqu'il existe. Dans notre droit, par l'effet de la saisine, dès la mort du *de cujus*, les biens de ce dernier passent sur la tête de son héritier sans qu'il y ait besoin d'adition. La confusion se produit par là même, dès ce moment les créanciers ont intérêt à demander la séparation, et la loi leur en accorde le droit. Il est prescriptible ; la prescription peut donc courir à son égard dès qu'il existe, c'est-à-dire dès l'ouverture de la succession.

Si le patrimoine du défunt passait à des successeurs n'ayant pas la saisine, des héritiers irréguliers, par exemple, nous pensons avec M. Demolombe, que la prescription du droit de demander la séparation, ne devrait commencer à courir que lorsque ces successeurs auraient rempli les formalités auxquelles la loi subordonne leur prise de possession ; ce n'est qu'à ce moment, en effet, que s'opère la confusion entre leurs biens personnels et les biens du défunt.

La prescription dont nous nous occupons, est du nombre de celles que l'art. 2278 fait courir contre les mineurs et les interdits ; ils sont, en conséquence, après le délai de 3 ans, déchus du droit de demander la séparation, sauf leur recours contre leurs tuteurs.

Les créanciers à terme, ou dont les droits sont conditionnels, peuvent, nous le savons, demander la séparation des patrimoines ; la prescription courra contre eux, et son point de départ sera l'ouverture de la succession. La séparation constitue une mesure conservatoire; quoique leur créance ne fût pas échue, ou que son existence même fût encore en suspens, ils pouvaient, en vertu de l'art. 1180 du Code Civil, demander la séparation, et il leur était loisible de le faire dès l'ouverture de la succession. S'ils n'usent pas du bénéfice que la loi met à leur disposition, ils seront punis de leur négligence et verront s'éteindre par prescription le droit qu'ils n'ont pas exercé.

II. — Le second alinéa de l'art. 880 décide que la séparation peut se demander quant aux immeubles tant qu'ils existent entre les mains de l'héritier. Posons-nous une question; car, quelque simple que soit en apparence cette disposition, elle est cependant susceptible d'interprétation. La loi veut-elle dire, comme on pourrait le croire au premier abord, que le terme après lequel la séparation ne pourra plus être demandée quant aux immeubles, sera seulement l'époque où ces biens sortiront du patrimoine de l'héritier ? Signifie-t-elle plutôt que la plus longue prescription des droits immobiliers, la prescription trentenaire, sera seule applicable dans ce cas à la séparation des patrimoines ?

La réponse affirmative à l'une ou à l'autre de ces questions serait à notre sens une erreur. La séparation des patrimoines, mesure conservatoire accordée aux créanciers, a pour but de leur donner une garantie du paiement de leur créance ; il est donc rigoureusement vrai de dire que la séparation des patrimoines est un accessoire de la créance qu'elle est destinée à sauvegarder.

La solution est dès lors facile à trouver : le droit de demander la séparation des patrimoines relativement aux immeubles, aura la même durée que la créance qu'il garantit ; il se prescrira par 6 mois, 1 an, 30 ans, suivant que la créance sera elle-même prescriptible par 6 mois, 1 an, 30 ans. Raisonnant de la sorte, nous sommes conduits à dire que le second alinéa de l'art. 880 doit être entendu de la façon suivante : la séparation des patrimoines pourra, quant aux immeubles, être demandée tant que la créance ne sera pas prescrite, pourvu toutefois que ces immeubles soient encore entre les mains de l'héritier. (1)

Que faudrait-il décider au cas où la séparation s'exercerait sur le prix de vente d'immeubles héréditaires aliénés par l'héritier ? Appliquerons-nous la prescription de l'action en séparation relative aux meubles, ou bien au contraire la prescription du second alinéa de l'art. 880 ? Nous examinerons la question dans la section suivante, en traitant de l'aliénation des immeubles de la succession.

Si un immeuble avait été vendu non par l'héritier, mais par son auteur, et si, après la mort de ce dernier, ses créanciers demandaient la séparation relativement

(1) Toullier, t. IV, n° 544. — Zachariæ, note 28. — Barafort, n° 110. — *Sic* Toulouse, 26 mai 1829, S. 30, 2, 272. — Grenoble, 30 août 1831, S. 32, 2, 648.

au prix de vente non encore payé, il est hors de doute qu'il faudrait, pour que leur demande fût encore recevable, que les délais de la prescription triennale ne fussent pas expirés. C'est bien cette prescription qu'il faut appliquer dans l'espèce, car la créance vis-à-vis de laquelle on veut exercer la séparation, est chose mobilière, et c'est comme meuble qu'elle fait partie de la succession.

SECTION IV

DE L'ALIÉNATION.

1. — Le droit romain admettait que l'aliénation des biens héréditaires faisait perdre aux créanciers de la succession le droit de demander la séparation des patrimoines : *Ab herede vendita hereditate, separatio frustra desiderabitur..* (1) Notre ancienne jurisprudence avait suivi la même règle, qui est implicitement reproduite dans l'art. 880 du Code Civil. Dire que la séparation pourra être demandée pour les immeubles tant qu'ils se trouvent entre les mains de l'héritier, c'est établir, par un *à contrario* décisif, que cette séparation ne sera plus possible quand les immeubles seront, par suite de l'aliénation, sortis des mains de l'héritier. L'art. 880 d'où nous déduisons ce principe, ne parle que des immeubles ; il ne faudrait pas

(1) Dig., lib. XLII, tit. VI, l. 2.

en conclure que, pour les meubles, la séparation serait accordée malgré l'aliénation ; l'art. 2279 se charge, en effet, de nous apprendre que cette solution ne saurait être admise.

Puisque nous repoussons la demande en séparation relativement aux meubles aliénés en nous fondant sur l'art. 2279, appliquons-le en lui conservant son caractère et sa signification. Pour que la possession vaille titre, il faut que le possesseur soit de bonne foi. Nous devons maintenir cette condition dans notre espèce, et par conséquent rejeter l'opinion soutenue par Ducaurroy, qui prétend que dans ce cas, quoique le possesseur ne soit pas de bonne foi, le créancier se verra déchu du droit de demander la séparation des patrimoines. C'était d'ailleurs dans notre sens que la question était résolue en droit romain ; la loi 2, au titre *De separationibus*, déjà citée, le disait formellement ; elle s'exprimait ainsi : *Ab herede vendita hereditate separatio frustra desiderabitur, utique si nulla fraudis incurrat suspicio.* (1)

Suffirait-il, pour constituer l'acquéreur en état de mauvaise foi, d'établir qu'il a su que les meubles à lui vendus provenaient de la succession ? Non évidemment. Rien, en effet, n'est plus naturel que l'aliénation des meubles héréditaires faite par l'héritier ; cette seule circonstance ne détruit pas la bonne foi de l'acquéreur. Il en serait autrement s'il savait que l'héritier

(1) Dig., *De separationibus*, l. 2. — *Sic* Barafort, n° 99.— Demolombe, n° 179. — Dufresne, n° 47.

vend les meubles dans le but de frauder les créanciers de la succession ; il serait alors complice de la fraude. Les créanciers pourraient faire annuler l'aliénation qui leur préjudicie, conformément au principe doctrinal de l'art. 1167.

II. — L'aliénation des biens héréditaires fait donc perdre aux créanciers de la succession le droit de demander la séparation relativement à ces biens ; l'art. 880 pour les immeubles, l'art. 2279 pour les meubles, nous le font décider ainsi. Il faut se garder de croire cependant que, dès que les biens sont sortis des mains de l'héritier, le droit à la séparation est perdu. L'aliénation ne produit cet effet que quand elle est *consommée* ; et, comme le dit Marcadé : l'aliénation n'est consommée et l'extinction du droit n'a lieu qu'autant que le prix est payé ; si ce prix restait dû, il serait encore temps de demander la séparation. (1)

La créance du prix n'est point susceptible de se confondre avec les biens de l'héritier ; elle demeure tant qu'elle existe parfaitement reconnaissable. Cette créance remplace dans la masse les biens aliénés par l'héritier ; elle en est la représentation, et comme elle n'est point confondue avec les biens personnels de l'héritier, les créanciers du défunt conserveront sur elle un droit exclusif en demandant la séparation des patrimoines.

On peut dire que l'idée de substituer à une chose aliénée le prix de cette chose ou la créance du prix,

(1) Marcadé, t. III, n° 398.

est tout-à-fait entrée dans l'esprit de notre Code. Pour s'en convaincre, on n'a qu'à se reporter aux articles 132, au titre de l'Absence ; 747, au titre des Successions ; 1558, 1559, au titre du Contrat de mariage ; ils sont tous conçus dans ce sens. Pour la question spéciale qui nous occupe, une jurisprudence depuis longtemps constante, et une doctrine à peu près unanime, consacrent la solution que nous adoptons. (1)

Mais n'oublions pas qu'il faut pour cela que le prix soit encore dû ; dans le cas contraire, il se produirait une confusion qui mettrait obstacle à la séparation. S'il s'agit d'un échange, nous retrouvons la subrogation dont on vient de parler, et le bien acquis en contre-échange vient prendre la place du bien aliéné. Cette solution a déjà été donnée quand on a examiné quels sont les biens sur lesquels peut s'exercer la séparation. (2)

II. — Le prix des biens héréditaires encore dû par l'acquéreur est subrogé à ces biens et les représente. Quel sera le résultat de cette subrogation au cas où le bien aliéné était un immeuble ? La créance du prix qui se trouve substituée à l'immeuble vendu sera-t-elle considérée comme meuble ou comme immeuble ? Devrons-nous, quant à la prescription de l'action en séparation, faire application du premier alinéa de

(1) Poitiers, 28 janvier 1823, S. 7, 2, 165. — Cass., 25 juin 1828, S. 9, 1, 109. — Cass., 16 juillet 1828, S. 28, 1, 133.
(2) Nîmes, 21 juillet 1852, S. 53, 2, 705.

l'art. 880, ou faudra-t-il, au contraire, nous reporter au second ?

Plusieurs arrêts et un certain nombre d'auteurs émettent l'idée que le prix subrogé à l'immeuble aliéné empruntera la nature immobilière du bien qu'il est appelé à remplacer. La Cour de Nîmes le soutient. Le prix, dit-elle, représentant un immeuble, aura comme lui nature d'immeuble. Il résulte de ce principe, que la prescription du droit de demander la séparation s'accomplira quant à la créance du prix, comme nous l'avons expliqué pour le cas où ce droit a des immeubles pour objet.

Nous repoussons cette doctrine, et nous nous rattachons à la théorie de Mourlon, qui, dans son Examen critique, soutient que la créance du prix de l'immeuble demeure chose mobilière. La chose subrogée emprunte, c'est vrai, la nature de celle qu'elle représente : *Subrogatum capit naturam subrogati*. C'est là incontestablement le principe ; mais ne lui faisons pas produire des conséquences exagérées, car alors nous sortirions de la logique. La chose subrogée emprunte la nature juridique de celle qu'elle remplace, c'est pourquoi le créancier, qui avait sur la chose aliénée un droit exclusif, obtiendra le même droit sur la chose subrogée. Mais cette dernière a une nature intrinsèque que la subrogation ne peut pas lui faire perdre. Si cette chose est mobilière, il ne lui est pas possible d'en faire, légalement parlant, un immeuble. Le Code, au titre de la Distinction des biens, donne l'énumération des meubles et des immeubles. Certains de ces biens, meubles par leur nature, peuvent être immobilisés, peuvent passer dans la classe des immeubles ; mais parmi eux la loi ne place point le prix d'un immeuble aliéné, subrogé à cet immeuble. L'argent est meuble ; c'est pourquoi la créance d'une somme d'argent n'est point un droit immobilier ; cette créance peut juridiquement être subrogée à un immeuble ; elle ne perd pas pour cela sa qualité constitutive de meuble (1). Par cette raison, nous estimons que le droit de demander la séparation au regard du prix d'un immeuble aliéné par l'héritier, doit se prescrire par trois ans, suivant le premier alinéa de l'article 880. Ainsi se trouve décidée la question posée à la fin de la section qui traite de la prescription, et dont on avait renvoyé la solution.

Le système adverse, admettant que le prix subrogé à l'immeuble prend un caractère immobilier, repousse la prescription triennale ; il cherche à démontrer qu'elle produit des résultats désastreux pour les créanciers, et qu'elle doit être rejetée, ainsi que le principe qui lui sert de base.

On raisonne de la sorte. La prescription de l'art. 880 1er alinéa, dure 3 ans ; elle commence à courir du jour de l'ouverture de la succession. Or, il peut arriver que l'héritier aliène un immeuble plus de 3 ans après l'ouverture de la succession ; de là il résulterait que les créanciers,

____

(1) Mourlon, *Examen critique*, art. 2111, page 942 et note. — *Contra* Barafort, n° 127. — Demolombe, n° 205.

dont le gage immobilier a été .mobilisé, perdraient le droit de demander la séparation des patrimoines, sans que cependant on pusse leur reprocher d'avoir été négligents. Ils pouvaient, à bon droit, ajoute-t-on, compter sur une prescription plus longue, ayant au moment de l'ouverture de la succession une sûreté qui portait sur un immeuble.

On peut faire à cet argument la réponse suivante. La prescription extinctive est basée sur cette considération que si une personne qui aurait intérêt à exercer un droit néglige de le faire pendant un temps déterminé, c'est que, probablement, ce droit n'existe pas à son profit; que si au contraire il existe, l'inertie du titulaire constitue une faute dont il est bon de le punir par la déchéance du droit qu'il a semblé dédaigner.

Pour que cette présomption de la loi, pour que cette peine qu'elle établit soient justifiées, il faut de toute évidence que le droit soit né; dans le cas contraire, l'inaction dont on vient de parler ayant une cause toute naturelle, la prescription manquerait de base.

Ce serait une prescription de cette nature que l'on rencontrerait dans notre espèce, si on décidait qu'elle court du jour de l'ouverture de la succession. A ce moment, le créancier pouvait demander la séparation relativement à un immeuble, mais non pas, bien entendu, quant au prix de cet immeuble, puisqu'il n'était pas vendu ; plus tard, l'immeuble étant aliéné, le droit du créancier est transporté sur le prix. A partir du

jour où cette transformation de son droit aura été opérée, le créancier perdra la faculté de demander la séparation sur l'immeuble lui-même, il aura désormais
celle de faire porter sa demande sur le prix de l'immeuble. La prescription de 3 ans , applicable au
nouveau droit constitué au profit du créancier, com-
mencera à courir de l'instant seulement où ce droit
sera né, c'est-à-dire du jour de l'aliénation.

IV. — La vente à réméré d'un bien de la succession, faite par l'héritier, sera un obstacle à la séparation. Mais si le réméré vient à être exercé, l'immeuble
revenant à l'héritier se trouve, par suite de la condition résolutoire, renfermée dans le réméré, dans la
même situation qu'avant la vente, c'est-à-dire immeuble héréditaire ; le créancier pourra alors exercer l'action en séparation.

V. — Si, par le moyen d'une action en nullité ou
en rescision, une aliénation opérée par l'héritier était
déclarée non avenue, la séparation pourrait être demandée.

VI. — Un créancier de l'héritier qui, de bonne foi,
aurait reçu de son débiteur un meuble héréditaire en
gage, serait protégé par la règle de l'art. 2279. On ne
pourrait l'évincer qu'à la condition de le désintéresser. (1)

VII. — Ce qui est vrai de l'aliénation totale est
également vrai de l'aliénation partielle ; cette dernière

____

(1) Demolombe, *Succ.*, t. V, n° 184

aura aussi pour effet de rendre la séparation impossible. Nous adopterons sur ce point la solution de M. Barafort. Les tiers au profit desquels l'héritier a constitué, sur les biens de la succession, un usufruit ou une servitude, celui de ses créanciers à qui il a remis un immeuble héréditaire en antichrèse, acquièrent, vis-à-vis des biens sur lesquels porte leur droit, un *jus in re*, un véritable démembrement de la propriété. Ce démembrement de la propriété, cette aliénation partielle sera, comme l'aliénation totale, opposable aux créanciers de la succession. Aussitôt que ces droits réels auront été transcrits, c'est en vain que les créanciers héréditaires prendront l'inscription de l'art. 2111. Bien qu'ils soient encore dans les délais de cet article, ils se verront primés par les acquéreurs des droits cités plus haut ; car, pendant les délais de l'art. 2111, les aliénations totales et partielles sont permises ; il n'y a que l'hypothèque qui ne puisse pas être établie au préjudice des créanciers de la succession.

Ainsi donc, assimilation des aliénations partielles aux aliénations totales, tel est le système que nous admettons. Comme dans le cas de vente d'un immeuble nous faisons porter la séparation sur le prix encore dû de cet immeuble, de même, dans celui dont nous nous occupons actuellement, elle serait possible sur le prix qui serait dû par le tiers au profit duquel les droits en question auraient été constitués.

VIII. — Le bail n'étant pas un démembrement de la propriété, ne constituant pas au profit du preneur un droit réel, ne serait point un obstacle à la séparation. Nous donnerions cette solution même pour un bail de plus de 18 ans, transcrit comme le veut la loi de 1855, avant la demande en séparation. Ce bail n'est, pas plus que celui qui serait fait pour un terme moins long, un droit réel ; il n'a donc point pour effet d'empêcher les créanciers de la succession d'obtenir la séparation des patrimoines.

Quant à l'emphytéose, il est vrai de dire qu'elle est une aliénation partielle ; et, si elle est transcrite avant la demande en séparation, elle sera valable et produira ses effets vis-à-vis des créanciers de la succession. L'emphytéose est, en effet, un démembrement de la propriété. Cette donnée paraît bien certaine, car l'emphytéote a le droit de transmettre l'immeuble à ses héritiers, de l'aliéner. Ce sont là, on ne peut le nier, des attributs qui constituent au profit de l'emphytéote des droits utiles de propriétaire.

X. — Pour ce qui est des meubles de la succession, les créanciers pourront, en faisant usage des mesures conservatoires que la loi met à leur disposition (1), empêcher l'héritier d'opérer une vente à l'amiable, et même mettre obstacle à l'aliénation. Mais, pour les immeubles, à l'égard desquels les mêmes mesures ne seront pas possibles, puisqu'elles sont spéciales au mobilier, les créanciers ne pourront pas en entraver la vente.

(1) Art. 826 du Code Civil et 909 du Code de Procédure.

CHAPITRE VI

PROCÉDURE DE LA SÉPARATION.

SECTION I

DE QUELLE MANIÈRE S'EXERCE LA SÉPARATION

Se fondant sur les art. 878, 880, 2111 du Code Civil, des auteurs, notamment MM. Aubry et Rau, ont soutenu que la séparation des patrimoines devra faire, de la part des créanciers, l'objet d'une *demande*, et ils entendent par là une action en justice, une action engagée par une assignation adressée à la partie adverse.

On admet aussi qu'elle pourrait être demandée par voie d'exception ; mais dans les deux cas, on veut toujours une *demande* en justice dont le résultat serait un jugement.

Si nous nous reportons à notre ancienne jurisprudence, nous voyons que ceux qui voulaient demander la séparation des patrimoines devaient d'abord obtenir des *Lettres-royaux*. Cette obligation finit par tomber en désuétude, et c'est alors que nos vieux auteurs dirent que la séparation est de plein droit, et *non sujette à demande*. Cependant on lit dans les mêmes auteurs, que la séparation peut se *demander* dans telles et telles circonstances ; que les créanciers du défunt la *demanderont* contre telles et telles personnes.

En présence de ce langage, il semble évident qu'en employant l'expression *demande*, ils ont voulu désigner simplement la mise en œuvre du droit de séparation, mais sans attribuer à ce mot la signification ordinaire qu'il a en procédure. On peut donc dire que nos anciens auteurs n'exigeaient pas une action en justice principale ou incidente donnant lieu à un jugement. (1)

Notre Code, dans les articles 878, 2111, emploie comme les auteurs précités le mot *demande*. Se référant aux traditions de notre ancienne jurisprudence, l'éminent doyen de la Faculté de Caen soutient que ce mot *demande* doit, sous l'empire du Code, s'entendre dans le même sens que sous l'ancien droit, c'est-à-dire la mise en œuvre du droit de séparation, et ne désigne point une action en justice ayant un jugement comme conséquence.

Il fait une distinction que nous adoptons pleinement. Ou les créanciers de l'héritier agissent, demandent leur paiement sur la masse formée des biens de la succession réunis à ceux de leur débiteur, ou ils restent

_____

(1) Ferrières disait que la demande n'était pas nécessaire, mais qu'on avait l'habitude d'en faire une, il n'est point en désaccord avec les auteurs qui soutiennent que la séparation a lieu de plein droit. Son observation tend à prouver seulement que, bien que la demande ne fût plus exigée par la loi, on y procédait cependant encore par habitude.

inactifs. Dans le premier cas, les créanciers de la succession, qui auront conservé le droit dérivant de l'art. 878, se contenteront de leur opposer ce droit et les empêcheront de la sorte de se faire payer sur les biens de la succession. Dans la seconde hypothèse, les créanciers de l'héritier ne demandant rien, ceux de la succession n'ont point d'action à intenter ; il faut tout simplement qu'ils sauvegardent leur droit pour pouvoir l'opposer aux premiers quand ils voudront agir. Pour cela ils s'inscriront, comme l'art. 2111 leur dit de le faire, et leur bénéfice sera conservé sur les immeubles de la succession. Quant aux meubles, les art. 826 du Code Civil et 909 du Code de Procédure mettent à leur service des mesures conservatoires ; ils en useront et pourront ensuite demeurer sans inquiétude, car ils se seront assurés un droit exclusif sur les biens de la succession.

La séparation pourra être opposée en appel pour la première fois ; car, à vrai dire, elle constitue une défense à l'action principale ; aussi l'art. 474 du Code de Procédure permet-il la solution indiquée.

SECTION II

INSCRIPTION.

L'inscription exigée par l'art. 2111, qui dévoile l'existence de la séparation aux personnes intéressées à la connaître, est une innovation du Code Civil. En droit romain et dans notre ancienne jurisprudence, point de publicité quant à la séparation. Ce système, mauvais sans aucun doute, avait trouvé son principe, sinon sa justification, dans le régime hypothécaire. A cette époque, les hypothèques étant occultes, il était tout naturel que la séparation des patrimoines le fût aussi. C'était une faute de permettre à l'hypothèque de demeurer occulte. C'était aussi un danger pour les créanciers et une atteinte portée au crédit des débiteurs.

La loi du 11 Brumaire an VII a fait cesser ces inconvénients. Depuis lors, l'hypothèque constituée sur les biens d'un débiteur apparaît au grand jour ; son inscription sur les registres du conservateur met tous les intéressés à même de connaître son existence et sa portée.

Cette loi, qui apportait une amélioration si sensible au système hypothécaire, avait omis d'appliquer à la séparation des patrimoines le principe tutélaire de la publicité. Elle rappelait pour mémoire le bénéfice de séparation ; elle en constatait l'existence, mais c'était tout. La séparation continuait à être régie par les vieux principes. Les rédacteurs du Code, mieux inspirés que le législateur de l'an VII, ont admis la publicité relativement à la séparation des patrimoines, et ils ont édicté l'art. 2111.

Ainsi donc, sous l'empire du Code, les créanciers et les légataires qui veulent conserver le droit de préférence à eux attribué par la séparation des patrimoines, doivent prendre inscription. Par ce moyen, les tiers qui voudraient traiter avec l'héritier, seront avertis qu'une partie des immeubles que détient ce dernier, provient d'une succession, et que sur ces immeubles ils seront primés par les créanciers héréditaires. Ils ne seront pas exposés à contracter à la légère, et à voir passer avant eux des créanciers dont ils ignoraient les droits.

L'inscription doit être prise sur les immeubles dans les six mois de l'ouverture de la succession. Ces immeubles sont seuls soumis à cette inscription. On comprend qu'il eût été assez difficile de l'exiger pour les meubles, qui, destinés par leur nature même à changer souvent de place, n'ont point de situation fixe.

L'inscription prise dans les délais de l'art. 2111 a un effet rétroactif. Fût-elle même opérée le dernier jour du délai, elle remonte à l'ouverture de la succession. Les créanciers de l'héritier, qui se seraient inscrits avant l'expiration des six mois, seront primés par les créanciers héréditaires inscrits dans ces six mois, quand bien même l'inscription de ces derniers serait postérieure à la leur.

Mais si les créanciers du défunt avaient laissé passer le délai, l'inscription qu'ils prendraient alors ne serait pas opposable aux créanciers de l'héritier inscrits avant eux ; ils primeraient cependant les créanciers chirographaires, qui auront toujours une position moins favorable que celle des créanciers du défunt, quand même l'inscription de ces derniers serait tardive. (Art. 2113.)

I. — L'acceptation bénéficiaire entraînant de plein droit la séparation des patrimoines, la nécessité de s'inscrire n'existe pas ; même solution pour le cas où la succession est vacante.

II. — La question de savoir si l'inscription de la séparation doit être faite spécialement sur chacun des immeubles de la succession, ou si elle peut porter d'une manière générale sur tous les immeubles laissés par le défunt, est controversée.

La spécialité de cette inscription n'est guère contestable, cependant ; il suffit, pour s'en convaincre, de lire l'art. 2111. La loi nous dit que les créanciers et légataires conservent leur privilège sur les immeubles de la succession par *les inscriptions faites sur chacun de ces biens*. Il est difficile de trouver quelque chose de plus formel, et on est dès lors en droit de s'étonner qu'on ait regardé comme suffisante l'inscription prise d'une manière générale sur tous les immeubles de la succession.

III. — Dans l'inscription prise à propos de la séparation doivent se trouver les indications qu'exige l'art. 2148. Mais, comme les créanciers et légataires peuvent tous demander la séparation, ils auront le droit de procéder à l'inscription, quelle que soit la forme de leur titre, quand même ce titre n'étant ni un jugement ni un acte authentique, ils ne présenteraient au conservateur ni l'original en brevet, ni l'expédition authentique de l'acte ou du jugement constatant leurs droits. La présentation d'un acte sous seing privé suffirait.

Le conservateur n'est pas obligé de faire l'inscription qu'on lui demande s'il ne lui est pas représenté de titre. Si les créanciers, qui veulent sauvegarder leur droit en vertu de l'art. 2111, n'ont pas de titre, ils pourront, s'autorisant des dispositions des articles 558 et 909 du Code de Procédure Civile, et raisonnant par analogie, puisqu'il s'agit pour eux de recourir à une mesure conservatoire, présenter requête au Président du Tribunal, pour obtenir une ordonnance qui leur permette de prendre inscription.

IV. — L'art. 2111 constitue-t-il une dérogation à l'art. 880 ? Les créanciers et légataires doivent-ils, dans le délai de six mois, non-seulememt inscrire, mais exercer d'une manière effective leur droit de séparation ?

Merlin l'a cru. Il se fondait sur ces mots : *Qui demandent la séparation des patrimoines conformément à l'art. 878*, expressions qui ne se trouvaient pas dans le projet de rédaction de l'art. 2111, et qui furent ajoutées par suite d'un amendement. Cette adjonction, disait-il, n'aurait pas de sens, si elle n'était pas une modification apportée à l'art. 880.

On admet généralement aujourd'hui, et avec raison, que ces mots ont été ajoutés pour plus de clarté, et pour rappeler d'une façon précise le bénéfice de séparation accordé, au titre des Successions, aux créanciers et légataires. Si le législateur avait voulu déroger aux règles par lui tracées, il s'en serait expliqué d'une façon positive. Cette modification serait importante, car elle produirait un effet si bizarre, qu'elle eût certainement frappé l'esprit des rédacteurs du Code. En admettant la donnée de Merlin, on arriverait à ce résultat choquant que le droit de demander la séparation se prescrirait par trois ans pour les meubles, et par six mois pour les immeubles.

La loi exigeant, dans l'art. 2111, que les créanciers et les légataires prennent une inscription, cette inscription ne pourrait être remplacée par aucun autre mode de publicité.

CHAPITRE VII

DES EFFETS DE LA SÉPARATION

La théorie de la séparation des patrimoines est exposée dans le Code d'une façon fort incomplète. Les articles du titre des Successions, qui ont trait à cette matière, énoncent l'existence du droit accordé aux créanciers et aux légataires du défunt ; ils disent comment il se perd et nous apprennent qu'il est refusé aux créanciers de l'héritier. Au titre des Hypothèques, la loi fixe un délai, pendant lequel les créanciers et légataires doivent s'inscrire pour conserver leur droit ;

mais elle n'indique pas les effets que produira la séparation. Cette réserve du Code, réserve par trop grande en vérité, laissait le champ libre à la controverse ; elle en a profité; aussi, en examinant les questions relatives aux effets de la séparation, rencontrons-nous à chaque instant des discussions.

SECTION I

Un point capital, fondamental, — car la solution donnée à son sujet sera pour nous le principe au moyen duquel nous verrons nettement les effets de la séparation, — c'est la question de savoir si cette séparation établit un véritable privilége au profit des créanciers du défunt et des légataires. Nous trouvons ici une doctrine qui est et a toujours été divisée depuis la promulgation du Code. Nous aurons à nous décider entre les différents systèmes qui ont été proposés.

Remontons, en y jetant un rapide coup d'œil, aux sources d'où nous est venue la séparation des patrimoines : le droit romain et notre ancienne jurisprudence.

A Rome, comme l'indiquent les expressions claires et précises de Paul, *recesserunt a persona heredis,* on décidait que la séparation brisait les liens qui unissaient les créanciers de la succession à l'héritier. Le défunt était considéré comme vivant encore, et les effets de l'adition disparaissaient au profit des créan-

ciers du *de cujus*. Dans ce système, l'héritier ne détient plus les biens de la succession ; le préteur les lui
retire au moyen de la *missio in possessionem*, qu'il
accorde aux créanciers héréditaires ; il n'administre
plus ces biens ; il ne peut pas en disposer.

Dans notre ancien droit, les choses ne sont pas remises au même état qu'avant la mort du défunt ; car,
nous dit Lebrun, la séparation des patrimoines ne peut
point faire que l'héritier ne soit plus héritier ; elle ne
peut point abolir la règle : *Qui semel heres fuit, nunquam desinit esse heres*. Malgré la séparation, les
effets de la saisine continuent à exister, et l'héritier,
qui reste nanti des biens de la succession, en conserve
l'administration et la disposition.

En droit romain, nous trouvons deux classes de créanciers, ceux du défunt et ceux de l'héritier ; c'est au
profit de l'une de ces classes de créanciers que la séparation établit une préférence. On ne voit, par conséquent, rien qui ressemble à un privilége.

La séparation, sous notre ancienne jurisprudence,
laisse subsister les effets de la saisine. Il n'y a qu'un
débiteur, l'héritier; qu'une seule classe de créanciers,
les créanciers de l'héritier ; c'est donc entre les créanciers d'un même débiteur que la séparation établit une
préférence (1). Ce résultat fait ressembler la séparation
à un privilége; aussi, à cette époque, on lui en avait
donné le nom, comme l'a fait l'art. 2111. Mais remar-

____

(1) Mourlon, t. III, n° 1401 *ter*.

quons-le bien , quoiqu'ainsi désignée , la séparation n'était point rangée parmi les priviléges ; elle ne donnait pas le droit *de suite,* et n'établissait aucune préférence dans les rapports des créanciers du défunt entre eux (1).

La loi de Brumaire suit les errements de l'ancienne jurisprudence, et le Code en fait autant, comme le prouvent les paroles de M. Treilhard , lors de la discussion de l'art. 878 : *Les règles proposées n'ayant rien que de conforme à ce qui s'est pratiqué jusqu'à ce jour, je puis me dispenser d'entrer dans une plus longue explication.*

Une modification fut faite cependant, quant au délai de la prescription du droit de séparation. Cette prescription était de cinq ans en droit romain ; notre ancien droit, repoussant toute idée de délai, permettait la séparation tant que les biens de la succession n'étaient pas confondus avec ceux de l'héritier. Le Code, en conservant pour les immeubles la règle que la séparation est possible, tant qu'ils se trouvent entre les mains de l'héritier, décide que pour les meubles, le droit d'obtenir la séparation se prescrit par trois ans. Sauf ce point, rien de changé aux principes de notre ancienne jurisprudence ; les effets de la saisine subsistent ; l'héritier demeure nanti des biens de la succession ; il en conserve l'administration et la disposition.

(1) Mourlon, n° 1402.

Au titre des Priviléges et Hypothèques, l'art. 2111 établit un délai dans lequel les créanciers et les légataires qui veulent user de la séparation, doivent prendre inscription ; et, pour désigner cette séparation, ledit article se sert du mot *privilége*, d'où la question suivante : la séparation des patrimoines est-elle devenue un véritable privilége par suite des termes de l'art. 2111?

Plusieurs auteurs, et de très-éminents, répondent affirmativement; mais il est à remarquer que, bien qu'admettant tous que la séparation est un privilége, ils ne sont pas d'accord sur les effets que ce privilége doit produire. Les uns, voyant dans la séparation un véritable privilége immobilier, décident qu'il doit être garanti par un droit de suite, de surenchère contre les tiers acquéreurs, et produire l'indivisibilité (1); d'autres admettent bien que la séparation donne lieu au droit de suite et de surenchère, mais ils repoussent l'idée d'indivisibilité (2) ; d'autres, enfin, attribuent à la séparation cette dernière prérogative, en niant l'existence du droit de suite et de surenchère (3).

Examinons les raisons sur lesquelles on s'appuie pour arriver à établir que la séparation est un privilége.

En droit romain, dit-on, la séparation ne peut pas être considérée comme un privilége ; la position des créanciers du défunt redevient ce qu'elle était

(1) Barafort, n⁰ˢ 13, 186, 187, 189, 191, 196.
(2) Demolombe, n° 210. — Blondeau, p. 673.
(3) Dufresne, n⁰ˢ 43, 114.

avant la mort de leur débiteur ; il y a deux patrimoines et deux débiteurs; et le droit de préférence,
conséquence de la séparation, s'exerce au profit des
créanciers d'un débiteur vis-à-vis des créanciers de
l'autre.

Dans notre ancien droit, la séparation est qualifiée
privilége ; et, sans en produire tous les effets, elle
s'en rapproche cependant, parce que la saisine subsis-
tant toujours, cette séparation rée un droit de préférence entre les créanciers d'un même débiteur. Ce
qui, du temps de Pothier, n'était encore qu'une ten-
dance, devient, sous l'empire de l'art. 2111 du Code
Civil, un fait accompli ; la séparation entre dans la
classe des *priviléges*. L'article cité est formel sur ce
point, et l'art. 2113, qui fait dégénérer en hypothèque les priviléges non inscrits, s'applique à celui de
l'art. 2111 comme aux autres : c'est donc bien un véritable privilége. Quoi de plus naturel, d'ailleurs, que
ce privilége accordé aux créanciers de la succession ?
La loi, dans l'art. 1017, établit une hypothèque au
profit des légataires ; elle ne pouvait pas faire moins
pour les créanciers dont la position doit être, la justice le veut ainsi, plus favorable à ses yeux que celle
des légataires. La sagesse de la loi est manifeste; si les
créanciers prennent l'inscription, ils auront un privilége; s'ils sont négligents, le privilége leur échap-
pera, mais, au moins, ils auront une hypothèque.

Nous ne suivrons pas ce système ; nous nous ral-
lierons à celui qui soutient que la séparation ne consti-

tue point un privilége.

Et d'abord, il est incontestable que les art. 878 et suivants n'ont pas, en organisant la séparation, considéré ce bénéfice comme un privilége. La doctrine reproduite par ces articles est celle de notre ancien droit; les paroles de M. Treilhard en font foi ; or, sous l'ancien droit, nous le savons, la séparation n'était pas un privilége, bien qu'elle en portât le nom.

A la théorie des art. 878 et suivants, l'art. 2111 est-il venu apporter un changement et *créer* un privilége, comme on le prétend dans le système adverse? Voyons cet article : « Les créanciers et légataires, » qui demandent la séparation des patrimoines du dé-» funt, conformément à l'art. 878 au titre des Succes-» sions, conservent, à l'égard des créanciers des hé-» ritiers ou représentants du défunt, leur privilége sur » les immeubles de la succession, etc. »

Y a-t-il là création d'un privilége ? Nous répondrons sans hésiter, non. L'art. 2111 ne crée rien; ses termes font voir qu'il se reporte à un état de choses déjà existant au profit des créanciers et légataires. Ils ont un bénéfice qui est périssable; et, pour se mettre à l'abri de tout risque, ils devront prendre l'inscription que notre article établit; alors leur privilége sera *conservé*. Ce dernier mot est caractéristique ; il montre d'une façon qui pour nous est évidente, que l'art. 2111 ne fait aucune espèce d'innovation. Que vont donc conserver les créanciers et légataires ? Tout simplement ce qu'ils ont déjà, le bénéfice que procure la séparation des patrimoines, bénéfice résultant d'un droit à eux accordé par les art. 878 et suivants. L'art. 2111, en visant ces articles auxquels il renvoie, ne fait que rappeler ce droit, qu'au titre des Successions, les rédacteurs du Code ont admis tel qu'il était dans l'ancienne jurisprudence.

Mais, pourra-t-on dire: vous argumentez d'un terme de la loi qui paraît favorable à votre système, et en même temps vous violez ouvertement le texte de l'art. 2111, car il qualifie la séparation de *privilége?*

Certainement la loi appelle la séparation un *privilége ;* mais nous répétons ici ce que a été dit plus haut. Du temps de Pothier aussi, la séparation était désignée du nom de *privilége,* sans en être un cependant; sans produire autre chose qu'un droit de préférence. Comme cette préférence s'exerçait entre des créanciers, qui, par l'effet de la saisine, avaient le même débiteur, la séparation ressemblait sur ce point, mais sur ce point seulement, à un privilége ; c'est pourquoi on la nommait ainsi. Ce simple droit de préférence est passé dans le Code, où il fut introduit par les articles 878 et suivants; et c'est lui que l'art. 2111, parlant comme Pothier, entend désigner.

Le système adverse tire un argument de la place qu'occupe l'art. 2111. Cet article se trouve dans le titre des Priviléges ; le droit dont il parle est donc un véritable privilége, comme tous ceux dont il est question dans le titre ; autrement, l'article se trouverait classé à contre-sens dans le Code.

Cet argument n'est point irréfutable. Si nous voyons cet article au titre des Priviléges et Hypothèques, c'est qu'il ne pouvait pas se trouver ailleurs. Il établit et règle la publicité de la séparation ; or, pouvait-on le faire au titre des Successions? Non. Quand furent rédigés les art. 878 et suivants, on se conformait aux errements de l'ancienne jurisprudence. Il n'était pas question, à ce moment, de la publicité ; le législateur n'avait point encore l'idée d'y soumettre la séparation. Au titre des Priviléges et Hypothèques on admit la publicité, que la loi de Brumaire avait introduite dans notre droit ; ce principe, que le législateur considéra à bon droit comme excellent, il l'étendit à la séparation, ce que la loi de Brumaire avait omis de faire. Mais, comme le titre des Successions était promulgué depuis près d'un an, on n'y voulut pas toucher, et en traitant de la publicité des priviléges et hypothèques, on organisa celle de la séparation des patrimoines.

Si la loi avait voulu faire de la séparation un privilége immobilier, elle l'aurait dit dans l'art. 2103, et n'aurait pas créé un privilége par voie détournée, à propos d'une question de publicité. Cette observation nous semble à l'abri de la critique. Cependant les adversaires de notre système la repoussent. Cette façon d'établir le privilége de séparation, que vous appelez *détournée*, disent-ils, peut vous paraître peu logique ; elle est cependant facile à justifier. C'est le résultat d'un oubli ; le législateur avait omis le privilége de séparation dans l'énumération de l'art. 2103 ; mais, voulant qu'il n'y eût pas de doute sur la nature de cette séparation, il a, dans l'art. 2111, décidé qu'elle serait un privilége.

Nous ne saurions admettre cette explication. Les art. 2103 et 2111 font partie d'une série de dispositions dont la réunion forme le titre des Priviléges et Hypothèques, qui, décrété le 26 ventôse an XII, a été promulgué le 8 germinal de la même année. Or, on doit avoir assez de confiance dans l'intelligence du législateur pour croire qu'avant d'arrêter la rédaction définitive du titre en question, il a jeté sur les articles qui le composent un coup d'œil d'ensemble, afin d'éviter les antinomies entre les textes qui allaient constituer la loi. Il aurait dû s'apercevoir alors de l'oubli commis dans l'art. 2103, et se serait empressé de le réparer en complétant cet article. Ce n'est donc point un oubli, et si la loi n'a pas compris la séparation dans l'art. 2103, c'est parce qu'elle ne voulait pas en faire un privilége.

Mais, dit-on, il n'est pas logique de conclure à l'inexistence du privilége de séparation, parce qu'il n'est pas compris dans l'art. 2103. Ce texte, en effet, ne s'occupe que des priviléges immobiliers, et la séparation portant sur les meubles comme sur les immeubles ne pouvait pas être rangée dans cette classe de priviléges. Nous renvoyons les auteurs de cet argument au texte de l'art. 2111. La loi ne s'occupe, dans cet article, que de la séparation portant sur les *immeubles ;* si on avait voulu lui donner la nature privilégiée, on aurait créé un privilége immobilier lequel, comme on l'a dit plus haut, ne pouvait trouver sa place que dans l'art. 2103.

L'art. 2113 fournit aux adversaires un argument par lequel ils espèrent triompher. Ce texte décide que les priviléges qui n'auront pas été inscrits comme le veut la loi, ne seront plus des priviléges, mais conserveront cependant la nature hypothécaire. L'article en question s'applique à tous les priviléges dont il est parlé dans la section IV ; il vise par conséquent celui de l'art. 2111 aussi bien que les autres. Ainsi donc, la séparation, à propos de laquelle on n'aura pas pris l'inscription, deviendra une hypothèque. Il est, dès lors, de toute évidence que ce droit est de nature privilégiée ; autrement on verrait se produire ce résultat bizarre que la séparation subissant une déchéance, pour n'avoir pas été inscrite dans le délai de la loi, serait, par suite de cette déchéance même, plus avantageuse au créancier.

Ce raisonnement ne prouve rien. En effet, pour que le résultat dont parle l'art. 2113 se produise, pour que la non-inscription engendre une hypothèque, il faut que le droit qui aurait dû être inscrit soit un véritable privilége. Or, c'est là précisément le point en litige.

Certainement si la séparation des patrimoines est un privilége, elle dégénèrera en hypothèque si elle n'est pas inscrite dans le délai de l'art. 2111 ; mais, avant de constater cette transformation, il faut commencer par établir la nature privilégiée de la séparation. On no peut pas se servir de l'art. 2113 pour faire cette preuve, puisque l'application de cet article serait le résultat du fait dont il s'agit d'établir l'existence. L'argumentation des adversaires n'est qu'une pétition de principe.

Pour nous, qui ne voyons dans la séparation qu'un simple droit de préférence, l'effet de la non-inscription sera de faire perdre à ce droit la rétroactivité qui lui eût été assurée, si le créancier avait pris l'inscription dans le délai établi par l'art. 2111.

Nous pouvons d'ailleurs, sans porter atteinte à notre système, admettre que l'art. 2113 fait subir une transformation au bénéfice de séparation. Ce bénéfice constitue pour nous un privilége *sui generis, restreint au droit de préférence*. S'il n'est pas inscrit dans les six mois, il dégénèrera en hypothèque, *restreinte aussi au droit de préférence*. L'inscription n'aura pas d'effet rétroactif, parce que la sûreté dont elle constate l'existence étant une hypothèque, la règle : *Prior tempore, prior jure*, devra s'appliquer. Rien de plus logique, remarquons-le bien, que de restreindre, comme nous le faisons, les effets des art. 2111 et 2113 ; car la section IV, dont ces articles font partie, s'occupe uniquement *du droit de préférence*; le droit de suite est réglé par les art. 2166 et suivants.

§ I

Le système que nous combattons produit logiquement des conséquences qu'il importe de noter.

La séparation est un privilége; elle donne donc aux créanciers un droit de préférence, mais sans, bien entendu, leur faire encourir aucune déchéance. Il ne faut pas retourner le privilége contre eux; ils ont par conséquent le droit de se faire payer sur les biens du défunt à l'exclusion des créanciers de l'héritier, et s'ils ne sont pas complétement désintéressés, de concourir sur les biens de l'héritier avec ses créanciers personnels.

Elle confère aux créanciers et légataires le droit de suite, et le droit de surenchère contre les tiers acquéreurs.

Les rapports qu'avaient entre eux les créanciers de la succession et les légataires sont changés; si les uns prennent inscription dans les 6 mois, et les autres postérieurement à ce délai, les premiers, ayant conservé leur privilége, primeront les seconds, dont le droit sera transformé en simple hypothèque.

L'hypothèque étant indivisible, l'hypothèque privilégiée des créanciers et légataires leur donne le droit d'agir pour le tout contre chacun des héritiers du défunt (1).

Considérons une à une ces conséquences; voyons si elles sont admissibles et si, dès lors, le système qui leur donne naissance peut être adopté.

(1) Ces conséquences ne sont généralement pas admises dans leur ensemble par les auteurs qui décident que la séparation constitue un privilége. Sans s'arrêter aux dissidences qui existent entre les partisans du système du privilége, on réunit ici tous les effets découlant de l'idée de privilége pour les examiner et les apprécier successivement.

I. — On dit d'abord, dans le système du privilége, que les créanciers et les légataires ont un droit exclusif sur les biens du défunt, et de plus peuvent *concourir* avec les créanciers de l'héritier sur les biens personnels de ce dernier.

Cette idée de concours est-elle d'accord avec les précédents historiques ? Non certainement.

En droit romain, nous avons vu Paul et Ulpien refuser aux créanciers, qui avaient obtenu la séparation, tout recours sur les biens de l'héritier. Papinien aurait voulu qu'on permît le recours, mais après l'acquittement des dettes personnelles de l'héritier. Notre ancienne jurisdence avait admis comme règle le tempérament proposé par Papinien ; mais jamais ni le droit romain, ni notre vieux droit français, n'admirent que les créanciers, qui avaient demandé la séparation des patrimoines, pussent concourir sur les biens de l'héritier avec ses créanciers personnels. Nous verrons plus loin et plus en détail cette question du concours ; nous tenons seulement à faire remarquer ici que cette idée de concours est en désaccord formel avec la tradition.

II. — Passons au droit *de suite*.

En faveur du *droit de suite*, on a invoqué le droit romain. On lit au Digeste, au titre *De separationibus*, loi 2, le passage suivant : « *Ab herede vendita here-*
» *ditate, separatio frustra desiderabitur, utique si*
» *nulla fraudis incurrat suspicio, nam quæ bona*
» *fide medio tempore per heredem gesta sunt, rata*
» *conservari solent.* »

Etant donné ce texte, on raisonne de la sorte : Si l'héritier vend des biens héréditaires avant la demande en séparation, ces biens ainsi aliénés sont désormais perdus pour les créanciers héréditaires ; or, le texte nous montre, par un *à contrario* décisif, qu'après la demande en séparation il n'en est plus ainsi. Pourquoi donc la position change-t-elle ? Evidemment, parce que la séparation engendre le droit de suite.

Nous répondons que là n'est pas la raison de la différence. Elle s'explique tout naturellement à l'aide d'une autre considération tirée d'un effet produit en droit romain par une mesure qui précède la séparation des patrimoines. Nous savons que les créanciers et légataires, pour obtenir la séparation, s'adressaient au préteur, qui constituait entre leurs mains une sûreté réelle en leur accordant l'envoi en possession des biens de la succession. Cette *missio in possessionem* dépossédait l'héritier, qui, perdant l'administration et la disposition des biens héréditaires, devenait incapable de les aliéner.

C'est donc parce que l'héritier était dessaisi que l'aliénation ne pouvait être valablement faite par lui, et non à raison du droit de suite, que les lois romaines n'avaient point eu l'idée de joindre à la séparation. Notre ancienne jurisprudence n'admettait pas non plus le droit de suite, puisqu'elle laissait subsister la saisine, en conservant à l'héritier en possession l'administration et la disposition des biens héréditaires. Nous savons de plus qu'au titre des Successions, le

Code Civil a reproduit les principes de l'ancien droit dans les articles 878 et suivants.

Si on admet le droit de suite, il faut dire, comme l'a fait la Cour de Nîmes, dans un arrêt du 19 février 1829, que le créancier qui a pris l'inscription exigée par l'art. 2111, conserve le droit de suite sur les immeubles vendus par l'héritier, nonobstant le paiement du prix fait par l'acquéreur à ce dernier. Ainsi, voilà un immeuble vendu et payé ; il est sorti du patrimoine héréditaire ; l'argent qui en forme le prix est confondu avec celui de l'héritier ; bien certainement l'immeuble n'existe plus à l'état d'individualité reconnaissable entre les mains de l'héritier. Dans cette situation, les créanciers et légataires pourront, en vertu de leur droit de suite, faire vendre cet immeuble et se payer sur son prix des créances qu'ils avaient contre le *de cujus*, et des legs que leur a faits ce dernier. Que deviendra le second alinéa de l'art. 880 ? Il faut le remplacer par une disposition conçue en ces termes : à l'égard des immeubles, l'action peut toujours être exercée, parce que la séparation donne lieu à un droit de suite. On doit, pour rester logique, faire subir à l'art. 880 la modification que nous indiquons.

La séparation, disent encore les partisans du système adverse, doit produire un droit de suite ; en effet, elle est opposable aux créanciers de l'héritier qui sont ses ayants-cause ; elle doit l'être par conséquent aux tiers acquéreurs, qui sont aussi les ayants-cause de l'héritier.

Tous les textes consacrés à la séparation, tant en droit romain que dans notre ancienne jurisprudence, sont en contradiction formelle avec cette idée. La séparation y est toujours présentée comme ne pouvant être opposée qu'aux créanciers de l'héritier. La même règle se rencontre dans l'art. 878, qu'on peut appeler l'article fondamental de la matière, puisque c'est lui qui introduit dans le Code la séparation des patrimoines. Elle peut être demandée, nous dit cet article, contre les créanciers de l'héritier. Il ne parle que d'eux.

L'art. 880 est conçu dans le même sens, puisque, pour permettre la séparation à l'égard des immeubles, il veut qu'ils soient entre les mains de l'héritier. L'art. 2111 qui appelle la séparation un privilége, dit que ce privilége se conserve par l'inscription à l'égard *des créanciers de l'héritier*. Ces textes sont précis ; c'est à tort qu'on les a méconnus. Il n'appartient pas, en effet, au jurisconsulte de soutenir un système en se basant sur des assimilations que la loi n'a pas faites.

C'est en usant d'une autre assimilation qu'on a soutenu que, pendant les six mois accordés pour opérer l'inscription, l'héritier ne peut pas aliéner les immeubles de la succession. L'art. 2111 décidant que, pendant ces six mois, aucune hypothèque ne peut être établie avec effet sur les immeubles de la succession au préjudice des créanciers et légataires, on a tiré de la prohibition de la loi cette conséquence que, pendant ce délai, l'héritier est privé du droit d'aliéner les immeubles héréditaires.

Cela est inadmissible pour deux raisons. La première, c'est que l'art. 2111 ne l'ayant point dit, vouloir soutenir l'existence de cette inaliénabilité, c'est ajouter à la loi une disposition qui n'y est point contenue. La seconde, c'est que le motif qui a porté le législateur a proscrire l'hypothèque ne se retrouve pas pour l'aliénation. Hypothéquer les immeubles héréditaires, ce serait les frapper, au profit d'un tiers, d'une sûreté, qui, sans aucune compensation pour les créanciers du défunt, diminuerait la valeur de leur gage ; la loi ne l'a pas voulu. L'aliénation se faisant moyennant un équivalent pécuniaire, et les créanciers pouvant, comme nous l'avons vu, demander la séparation des patrimoines relativement à la créance du prix, leurs droits seront sauvegardés.

Quant à l'aliénation à titre gratuit, l'art. 1167 permet aux créanciers de l'attaquer malgré la bonne foi du tiers acquéreur. Dans cette circonstance, nous dirons même, avec MM. Duranton, Aubry et Rau, que les créanciers n'auraient pas besoin, pour faire tomber l'aliénation , d'établir la *fraude* de l'héritier. Ils n'ont à prouver qu'une chose, le *préjudice* dont ils souffrent ; l'acte qu'ils attaquent constitue une donation, et aucune donation ne peut être maintenue dès qu'elle est faite aux dépens d'autrui.

L'aliénation ne fait donc courir aucun risque aux créanciers, c'est pourquoi la loi ne la prohibe pas.

En regardant la séparation comme un privilége, on devrait accorder aux créanciers qui l'ont obtenue le droit de surenchère. Or, cette conséquence logique du caractère privilégié de la séparation serait repoussée par l'art. 2185. Cet article reconnaît aux créanciers inscrits le droit de surenchérir. Les créanciers dont il parle sont ceux auxquels l'acquéreur d'un bien grevé d'hypothèques doit faire les notifications à fin de purge, c'est-à-dire : les créanciers munis d'un titre ayant en soi force hypothécaire complète, titre que l'inscription est venue constater et non pas créer. L'art. 2185 suppose donc que l'hypothèque est antérieure à l'inscription. L'ancien art. 834 du Code de Procédure le montrait nettement. Il est donc évident qu'on ne peut pas appliquer l'art. 2185 à un créancier chirographaire qui fait inscrire la séparation des patrimoines, alors même qu'on prétendrait que, par cette inscription, il est devenu créancier privilégié.

III. — Nous avons dit que, dans le système du privilége, la séparation des patrimoines modifie les rapports respectifs des créanciers et des légataires. On est d'accord sur ce point que si les créanciers et les légataires prennent tous l'inscription dans les délais de l'art. 2111, leur position n'est point changée, mais il n'en serait plus de même, si les uns s'étaient inscrits dans les six mois, et les autres postérieurement. Dans ce cas, d'après l'opinion que nous combattons, les premiers, ayant conservé leur privilége, primeraient les derniers, dont le droit serait transformé et aurait dégénéré en simple hypothèque.

Nous opposerons à cette solution deux arrêts, dont les motifs nous semblent repousser victorieusement la théorie de ce droit de préférence, que les adversaires veulent attribuer à ceux des créanciers et légataires, qui ont pris l'inscription dans les délais de l'art. 2111. Le premier de ces arrêts, émané de la Cour de la Martinique, est du 12 juin 1868 ; le second a été rendu par la Cour de Cassation, le 4 décembre 1871, sur le pourvoi formé contre l'arrêt de la Cour de la Martinique.

L'espèce est absolument celle à propos de laquelle nous raisonnons dans ce moment. Un des créanciers d'une succession, ayant pris l'inscription dans le délai de l'art. 2111, prétendait que cette inscription lui conférait un droit de préférence à l'encontre des autres créanciers, sur le prix des immeubles compris dans la liquidation de la succession. Le Tribunal de Saint-Pierre de la Martinique repoussa cette prétention par un jugement du 18 février 1868 ; appel fut interjeté, et la Cour de la Martinique confirma le jugement.

« Attendu, dit la Cour, qu'aux termes des art. 878
» et suivants du Code Napoléon, combinés avec
» l'art. 2111, la séparation des patrimoines profite
» exclusivement aux créanciers qui ont obtenu cette
» séparation ;

« Attendu, toutefois, que le droit de préférence
» résultant de l'inscription prise sur les immeubles de
» la succession, ne peut être invoqué que contre les

» créanciers de l'héritier ; que ce droit de préférence
» ne saurait être invoqué contre les créanciers de la
» succession qui ont négligé de demander la sépara-
» tion des patrimoines ; que les biens du défunt sont
» le gage commun des créanciers, et que ceux qui
» n'avaient avant le décès aucun droit de priorité, ne
» peuvent en acquérir, vis-à-vis de leurs cocréan-
» ciers, par l'inscription d'un titre purement chiro-
» graphaire ; que le seul avantage pouvant résulter
» de leur diligence, c'est que si, postérieurement à la
» séparation des patrimoines, des hypothèques sur les
» biens de l'hérédité ont été prises du chef des héri-
» tiers, les créanciers vigilants n'auront pas à en souf-
« frir, tandis qu'elles pourront être invoquées utile-
» ment contre les créanciers qui n'auront pas demandé
» la séparation en temps utile. »

On se pourvut en Cassation. Devant la Cour suprême, M. l'avocat général Reverchon posa les vé-
ritables principes qui doivent régir les rapports des
créanciers et légataires du défunt.

« Aux termes de l'art. 2111, dit ce magistrat, les
» créanciers et légataires qui demandent la sépara-
» tion des patrimoines, conservent *à l'égard des cré-*
» anciers des héritiers ou représentants du défunt
» leur privilége, etc. C'est donc seulement à l'égard
» des créanciers des héritiers qu'ils le conservent. Ce
» n'est pas à l'égard des autres, et si la loi ne devait
» pas être ainsi entendue, on ne voit pas quel serait le
» sens de sa disposition. Vainement on dit que le

» privilége est un droit que la qualité de la créance
» donne à un créancier d'être préféré aux autres
» créanciers quels qu'ils soient (2095). De hautes au-
» torités contestent au droit dont il s'agit ici la qua-
» lification de privilége ; mais, sans entrer dans cette
» controverse, au moins doit-on reconnaître que
» c'est un privilége d'une nature spéciale, si spéciale,
» qu'il est le seul qui ne figure pas dans l'énumération
» des priviléges donnée par les art. 2101 à 2103 ;
» d'où il résulte que le législateur a voulu lui faire
» une place à part et lui donner une organisation
» exceptionnelle. C'est précisément ce qu'il a fait en
» restreignant, quant à ce privilége, les conséquences
» ordinaires de l'art. 2095, en en limitant les effets
» aux créanciers de l'héritier.

« L'esprit de la loi est, au surplus, d'accord avec
» ses termes. De même que la confusion qui s'opère
» par l'ouverture d'une succession, entre la fortune du
» défunt et celle de son héritier, peut nuire à celui-ci
» et à ses créanciers, lorsque le défunt laisse plus de
» dettes que de biens, de même, elle peut nuire aux
» créanciers et légataires du défunt, lorsque c'est
» l'héritier qui a plus de dettes que de biens. Après
» avoir tenté de pourvoir au premier de ces dangers
» par le bénéfice d'inventaire, le législateur a voulu
» pourvoir au second par la séparation des patrimoines.
» Assurément il aurait pu dire aux créanciers chi-
» rographaires du défunt : vous n'avez point pris de
» précautions contre votre débiteur vivant ; vous avez

» volontairement couru les chances de votre con-
» fiance, et, par conséquent, la chance de le voir
» mourir laissant un héritier obéré ; vous n'avez qu'à
» imputer à vous-mêmes votre imprudence et les
» suites de votre imprudence. Mais il n'a pas tenu, et
» il a eu raison de ne pas tenir ce langage rigoureux ;
» il a compris que, s'il était vrai que *Vigilantibus*
» *jura subveniunt*, il ne faut pourtant pas provoquer
» outre mesure la défiance dans les relations de la vie
» civile, et il lui a paru équitable de venir en aide à
» ces créanciers du défunt, qui perdant tout-à-coup
» le débiteur dont ils avaient suivi la foi, parce qu'ils
» le connaissaient, le trouvent remplacé par un nou-
» veau venu dont ils n'auraient pas suivi la foi, parce
» qu'ils ne le connaissaient pas, ou, quelquefois,
» parce qu'ils le connaissaient trop bien. De là, la
» faculté qui leur est accordée de demander la sé-
» paration des patrimoines, dont le but est de conti-
» nuer fictivement le défunt, et de replacer en quel-
» que sorte ses créanciers dans la même situation que
» s'il n'était pas mort. Mais s'il n'était pas mort, les
» créanciers chirographaires n'auraient pas de droit
» de préférence les uns vis-à-vis des autres ; la sépa-
» ration des patrimoines ne saurait donc, à elle seule,
» produire cet effet. »

Nous ne citerons pas jusqu'au bout les conclusions
de M. l'Avocat général ; les raisons énoncées dans le
passage transcrit établissant nettement le principe
qu'entre les créanciers et légataires du défunt la sépa-

tion ne produit aucune préférence.

La Cour suprême a consacré cette doctrine par l'arrêt suivant :

« La Cour,

» Attendu que la séparation des patrimoines demandée par application de l'art. 878 du Code Civil, » et inscrite en vertu de l'art. 2111 du même Code, » ne confère de privilége, conformément à l'esprit et » au texte même de ces articles, que contre les créanciers de l'héritier ; ne modifie en rien les rapports » et les droits respectifs des créanciers du défunt » entre eux, lesquels ne venant pas en concours avec » les créanciers de l'héritier, doivent partager proportionnellement à leurs créances, les biens du défunt réservés par la séparation des patrimoines ; » qu'en le décidant, l'arrêt attaqué n'a fait qu'une » juste application des articles ci-dessus visés ;

» Rejette, etc. »

Cet arrêt est du 4 décembre 1871. Comme on l'a dit, il se trouve au journal du Palais, année 1871, 10e et 11e livraisons, page 739 ; l'arrêt de la Cour de la Martinique est relaté au même endroit.

IV. — Comment distribuer le prix provenant de la vente d'un immeuble héréditaire, quand nous trouvons en face les uns des autres des créanciers héréditaires inscrits dans le délai de l'art. 2111, des créanciers de l'héritier auxquels ce dernier a donné hypothèque sur l'immeuble de la succession, et des créanciers héréditaires non inscrits ou tardivement inscrits ?

Cette question délicate a divisé la doctrine. Avant de chercher à la résoudre, posons un principe. La séparation, nous venons de le voir, ne produit point de privilége entre les créanciers de la succession; si donc, parmi eux, les uns se sont inscrits et les autres ont omis de le faire, la négligence de ces derniers ne doit point profiter aux autres.

Prenons l'hypothèse suivante :

Un immeuble héréditaire est vendu 50,000 fr.

Sur cet immeuble, Primus, créancier du *de cujus* pour une somme de 30,000 fr., s'est inscrit dans les six mois. Après Primus, Paul, créancier de l'héritier, a inscrit sur le même immeuble une hypothèque garantissant une créance de 30,000 fr .

Après Paul, et postérieurement aux six mois, Secundus, créancier du *de cujus* pour égale somme de 30,000 fr., a pris inscription. Comment colloquer ces trois créanciers sur les 50,000 fr., prix de l'immeuble sur lequel ils se sont inscrits?

Trois systèmes sont en présence. Exposons d'abord celui auquel nous nous rallions. Primus, qui a pris inscription dans le délai légal, doit obtenir tout ce que pouvait lui assurer la séparation ; mais cette séparation ne lui donnant pas de privilége vis-à-vis de son cocréancier Secundus, il ne verra pas son dividende s'augmenter par suite de la négligence de ce dernier. Primus et Secundus ayant des droits égaux sur le prix de l'immeuble, l'auraient partagé en recevant chacun 25,000 fr. Primus doit donc prendre 25,000 fr. ; il ne peut pas se plaindre, car il reçoit ce à quoi il pouvait raisonnablemement prétendre.

Quelle part donner à Paul, le créancier hypothécaire de l'hérititer ? Quand Paul s'est inscrit sur l'immeuble de la succession, il a trouvé sur cet immeuble l'inscription de Primus. Il savait que Primus ayant, pour garantir une créance de 30,000 francs, obéi à l'art. 2111, devait passer avant lui. Sur un immeuble de 50,000 fr., 30,000 fr. devant être versés à un créancier que la loi préfère à Paul, ce dernier n'avait espéré recevoir que 20,000 fr. ; ces 20,000 fr. lui sont accordés.

Restent 5,000 fr. Ils formeront la part de Secundus le créancier négligent ; s'il se trouve réduit à si peu, ce ne sera point à cause de l'inscription prise à temps par Primus, car Primus n'a pas touché un centime de plus que si Secundus se fût inscrit ; mais bien, parce que n'ayant pas conservé le bénéfice que devait lui procurer la séparation, s'il se fût inscrit en temps utile, il est par sa faute primé par un créancier de l'héritier à qui cet héritier a concédé une hypothèque sur l'immeuble de la succession (1).

____

(1) Duranton, Valette, Mourlon, Barafort, Demolombe.

Ainsi, l'immeuble est vendu 50,000 fr.

Primus reçoit..........25,000 fr.
Paul..................20,000 fr.
Secundus..............5,000 fr.
____
50,000 fr.

Un autre système, qui veut que le créancier du défunt, inscrit dans les six mois, prime tous autres créanciers quels qu'ils soient, et reçoive l'intégralité de sa créance, arrive à établir un privilége au profit du créancier inscrit, vis-à-vis de ses cocréanciers non inscrits ou tardivement inscrits; nous avons repoussé cette donnée (1).

On a soutenu, dans un troisième système, que les créanciers héréditaires tardivement inscrits seront primés par les créanciers hypothécaires de l'héritier, et que ces derniers devront recevoir l'intégralité de leurs créances. Quant aux créanciers héréditaires régulièrement inscrits, comme ils n'ont pas de privilége vis-à-vis de leurs cocréanciers, ils ne recevront que la part qui leur serait revenue en supposant que tous les créanciers du *de cujus* se fussent inscrits dans les délais de l'art. 2111. (2) On voit alors se produire un résultat qui ne peut pas être admis. Le simple créancier hypothécaire de l'héritier recevra, sur le prix d'un immeuble héréditaire, le montant total de sa créance, tandis qu'un créancier du *de cujus*, inscrit conformé-

(1) Delvincourt.
(2) Grenier, Merlin, Aubry et Rau sur Zachariæ.

ment à l'art. 2111, n'aura qu'un dividende ; la présence de ses cocréanciers réduira sa part à celle qu'il eût eue en concourant avec eux, et ce sera le créancier hypothécaire de l'héritier qui profitera de cette réduction. Ce système ne vaut pas mieux que le second ; le premier seul paraît acceptable, car il est en parfaite harmonie avec ce qu'on a dit relativement aux effets de la séparation.

V. — L'hypothèque est indivisible ; l'art. 2114 nous le dit. La séparation qui, dans le système de nos adversaires, est une hypothèque privilégiée (art. 2111, 2113), produit, à leur avis, au profit des créanciers qui l'ont obtenue, cet effet de rendre la créance indivisible ; de leur permettre une poursuite pour le tout contre l'un ou l'autre des héritiers du débiteur primitif, sans avoir à s'occuper du principe de la division des dettes.

Toutes les créances contre le défunt, disent ces auteurs, sont transformées par l'effet de la séparation des patrimoines ; il s'opère alors un changement dans la nature des créances successorales. Les créanciers héréditaires verront garantir, par une hypothèque privilégiée, leur droit qui jusqu'alors n'avait été que chirographaire. Cela résulte des art. 2111 et 2113 combinés. Quant aux art. 870, 873, 1220, qui établissent le principe de la divisibilité des dettes entre les héritiers, ils ne font point obstacle à cette donnée ; ils ont été modifiés par les art. 2111 et 2113 pour le cas spécial qui nous occupe.

Cette transformation de la créance est fort contestable. Elle a tout d'abord le tort d'être en désaccord avec la tradition, dont l'influence est si grande en ce qui touche la séparation des patrimoines, comme nous l'avons constaté. Lebrun n'admettait point que des créanciers chirographaires pussent, après la mort de leur débiteur, acquérir une hypothèque sur ses biens. Par la séparation des patrimoines, les créanciers du défunt conservent leurs droits ; ils se gardent contre les créanciers des héritiers ; mais leurs créances ne changent point de nature. La Cour de Cassation l'a décidé dans ce sens, par un arrêt du 9 juin 1857, dont les termes sont aussi affirmatifs que possible.

« Attendu, dit l'arrêt, que si cette séparation a pour
» effet de conserver aux créanciers du défunt l'inté-
» gralité de leurs droits sur les biens composant son
» hérédité, par préférence aux créanciers des héritiers,
» il ne suit pas de là que *la nature de la créance soit
» changée*, ni que l'action des créanciers du défunt
» puisse être exercée de telle façon contre l'un des
» héritiers, qu'elle l'oblige et le contraigne au-delà de
» sa part virile dans les dettes. »

On ne peut rien trouver qui soit plus complétement d'accord avec la doctrine que nous soutenons, et plus logique, que cet arrêt de la Cour suprême. La nature de la créance ne change pas; par conséquent, la dette dont sont tenus les héritiers est une dette ordinaire, qui, suivant la règle et le principe, doit se diviser entre les héritiers du débiteur défunt. (1)

Quant à l'exception que les art. 2111 et 2113 établiraient aux dispositions des art. 870, 873 et 1220 du Code Civil, elle n'existe pas. Quand un débiteur vient à mourir, ses dettes naissent pour ainsi dire dans la personne de ses héritiers, et elles naissent *divisées* ; il y a autant de dettes que d'héritiers. Si un débiteur meurt, laissant trois héritiers, le créancier qui d'abord avait une créance unique, se trouve en avoir maintenant trois, représentant entre elle la totalité de la première. Il est tout naturel dès lors que si une sûreté spéciale vient garantir les droits du créancier, elle soit multiple, puisqu'au lieu d'une seule créance, il y en a maintenant plusieurs.

Dans l'art. 873, nous objecte-t-on, la loi dit que les héritiers sont tenus hypothécairement pour le tout ; c'est bien là une exception à la divisibilité des dettes ; la séparation des patrimoines, créant une hypothèque privilégiée, produit donc l'effet dont parle l'art. 873.

Nous renvoyons les adversaires aux Coutumes de Paris et d'Orléans, lesquelles, se plaçant dans la situation que réglemente notre article, expliquent que cette action hypothécaire pour le tout, n'a lieu que dans le cas où un héritier détient un immeuble hypothéqué du chef du défunt.

(1) Voir dans le même sens : Caen, 14 février 1825, S. 8, 2, 28. — Rennes, 14 janvier 1858, S. 58, 2, 574.— Limoges, 16 juin 1860, S. 60, 2, 332. — Nancy, 13 avril 1867, S. 68, 2, 81.

« Toutefois s'ils sont détempteurs d'héritages qui
» ayent apartenu au défunt, lesquels ayent été obligez
» et hipotéquez à la dette par ledit défunt, chacun des
» héritiers est tenu payer le tout, sauf son recours
» contre ses cohéritiers. » (1)

Tel n'est point le cas qui nous occupe. Les biens
étaient libres d'hypothèques du chef du défunt ; les
dettes se sont divisées entre ses héritiers, et la séparation des patrimoines vient simplement garantir, par
la sûreté spéciale qu'elle procure, une créance qui doit
maintenant être acquittée par plusieurs débiteurs. Si
donc la séparation produisait une hypothèque privilégiée, cette hypothèque naîtrait multiple, et le principe
de la divisibilité des dettes devrait être respecté.

VII. — L'art. 1017 établissant une hypothèque au
profit des légataires, les adversaires de notre système
s'emparent de cette disposition de la loi, pour soutenir
que la séparation des patrimoines a bien une nature
privilégiée. Les legs, disent-ils, constituent des libéralités ; les légataires qui viennent demander la délivrance de legs à eux faits par le défunt, veulent réaliser
un bénéfice ; ils agissent *de lucro captando*. Pour leur
permettre d'arriver à ce résultat, la loi leur accorde
une hypothèque ; à bien plus forte raison doit-il en
être de même à l'égard des créanciers, dont la situation
est plus favorable aux yeux de la loi, car ils agissent

(1) *Coutume de Paris*, art. 333. — La *Coutume d'Orléans*,
art. 358, s'exprime dans les mêmes termes.

non pas *de lucro captando,* comme les légataires, mais bien *de damno vitando.* Sous peine d'être peu logique, ajoute-t-on, la loi devait les traiter au moins aussi bien que les légataires. Elle est entrée dans cette voie, et, ne se contentant pas de donner une hypothèque aux créanciers, elle leur accorde un privilége, qui, s'ils sont négligents, ne sera plus qu'une simple hypothèque.

On peut, sans se donner la peine de faire de la séparation un privilége, justifier la disposition de l'article 1017. Les droits des légataires, quoique prenant leur source dans une libéralité, n'en sont pas moins respectables, car ils dérivent de la volonté d'une personne morte. Ces dispositions sont la reconnaissance d'un service rendu, ou le témoignage d'une affection que le défunt a conservée jusqu'à la tombe.

Pour les héritiers, elles constituent une dette sacrée, que le respect dû à la mémoire de leur auteur leur commande impérieusement d'acquitter. Mais la loi n'a pas cru que ce respect fût une garantie suffisante des intérêts des légataires, et elle a voulu établir, pour les sauvegarder, une sûreté qui eût quelque chose de plus positif ; elle l'a fait dans l'art. 1017. Du vivant de leur débiteur, les créanciers pouvaient se faire donner toutes les garanties qu'ils jugeaient nécessaires. Les légataires n'avaient point cette faculté. La loi a pris leur position en considération ; et, comme il se rencontre souvent des héritiers fort disposés à contester les droits des légataires, elle vient au secours de ces derniers au moyen de l'art. 1017.

VIII. — En résumé, d'après notre système, la séparation produit les effets suivants :

1° Elle donne aux créanciers et légataires le droit d'être payés sur les biens du défunt, sans avoir à craindre le concours des créanciers personnels de l'héritier ;

2° Par l'effet de la saisine, les créanciers du *de cujus* sont devenus les créanciers personnels de l'héritier. La séparation ne leur fait pas perdre cette qualité ; en la demandant ils ont voulu s'attribuer une garantie contre les créanciers personnels de l'héritier, sans libérer ce dernier. (1) Ils pourront donc, si les biens de la succession ne suffisent pas pour les désintéresser, recourir sur les biens de l'héritier ; mais, comme nous le verrons bientôt, après que ses créanciers personnels auront été intégralement payés ;

3° La séparation n'établit aucune préférence entre les créanciers et légataires ; ceux qui l'ont obtenue ne primerout pas ceux qui auraient négligé de la demander ;

4° Elle n'engendre point de droit de suite ni de surenchère ;

5° Elle ne porte pas atteinte au principe de la divisibilité des dettes entre les héritiers du débiteur ;

6° La séparation est un privilége *sui generis*, réduit à un droit de préférence accordé aux créanciers du défunt et aux légataires, à l'encontre des créanciers de l'héritier. C'est bien un véritable droit de préférence,

(1) Marcadé sur l'art. 881.

puisque les créanciers du *de cujus*, qui, sans elle, viendraient au marc le franc avec les créanciers de l'héritier, sur la masse formée par les deux patrimoines, excluent ces derniers relativement aux biens héréditaires.

Sauf une modification relative à la prescription de la demande en séparation quant aux meubles, c'est purement et simplement la séparation telle qu'elle existait au temps de Pothier. Le Code, au titre des Priviléges, l'a complétée en lui ajoutant un élément qu'elle n'avait pas autrefois, l'élément de publicité, dont la loi de Brumaire an VII avait posé le principe pour les priviléges et hypothèques. Et il n'est pas téméraire de soutenir l'identité entre la séparation établie par le Code et celle de l'ancien droit, puisque les orateurs qui ont pris part à la discussion, lors des travaux préparatoires, constatent expressément que, pour la matière qui nous occupe, on n'a fait que se reporter à l'ancien droit ; et cet ancien droit attribuait à la séparation les effets énumérés plus haut.

Tout à coup, si l'on croit les auteurs qui regardent la séparation comme un privilége, le législateur pris d'un désir subit d'innovation, méprisant la tradition que jusque-là il avait toujours suivie et dont il avait reproduit les maximes, le législateur aurait d'un mot, d'un seul mot, comme dit Mourlon, renversé l'édifice que Pothier nous avait légué. Dans un texte édicté pour régler une question de publicité, dans lequel elle ne parle pas des effets de la séparation, l'art. 2111, la loi aurait bouleversé de fond en comble un système emprunté par elle à l'ancien droit ! L'article en question, en disant que les créanciers et les légataires conservent leur *privilége* par l'inscription, aurait modifié la doctrine des articles 878 et suivants, en faisant produire à la séparation les effets déjà énumérés et que nous rappelons ici :

1° Droit accordé aux créanciers et légataires qui se sont conformés à l'art. 2111, de concourir sur les biens de l'héritier avec ses créanciers personnels, si les biens de la succession ne suffisent pas à les désintéresser ;

2° Droit de suite et de surenchère sur les immeubles de la succession ;

3° Le principe de la division des dettes entre les héritiers du défunt souffrant une exception au profit des créanciers et légataires ;

4° Changement des rapports existant entre les créanciers d'un même débiteur, par la création d'un droit de préférence dans l'intérêt de ceux prenant l'inscription dans les six mois, et si tous sont inscrits après ce délai, les premiers inscrits primant les autres ;

5° Droit de préférence conféré aux légataires inscrits dans les six mois, sur les créanciers inscrits après cette époque ; les légataires inscrits après les six mois préférés aux créanciers inscrits aussi depuis lors, mais après eux.

Voilà les innovations que le législateur aurait introduites en rédigeant l'art. 2111.

Nous ne pouvons croire qu'il ait eu cette pensée, et nous persistons à dire qu'il a voulu conserver la séparation telle qu'il l'a trouvée dans l'ancien droit. Nous savons qu'au titre des Successions, il a copié cet ancien droit ; lui-même le déclare. Dans l'art. 2111, il ajoute l'élément de publicité, dont la loi de Brumaire lui avait donné le principe ; et, en qualifiant la séparation de privilége, il a encore copié l'ancien droit qui, lui aussi, la désignait de la sorte. Le Code, qui avait emprunté la théorie de la séparation à Pothier, s'est servi, pour en parler, des expressions que ce jurisconsulte avait employées. (1)

Notons une bizarrerie du système du privilége. L'art. 2111, que les adversaires prennent pour base de raisonnement, cet article qui, selon eux, établit un privilége, ne parle que de la séparation s'exerçant sur les immeubles ; que fera-t-on de celle qui a les meubles pour objet? La transformera-t-on en privilége produisant un droit de suite et les autres conséquences déduites plus haut? On n'ose pas aller jusque-là; on ne s'occupe pas de cette séparation, on la laisse telle qu'elle était sous l'ancien droit. On a, de la sorte, deux séparations des patrimoines, régies par des règles différentes. L'une constitue un privilége immobilier ; l'autre, un simple droit de préférence sur les meubles, au profit des créanciers du défunt et des légataires contre les créan-

(1) Bourjon, 2e partie, *Succ.*, section VI. — Raviot sur Périer, question 294.

ciers de l'héritier. L'opinion par nous adoptée, repousse cette distinction ; elle ne reconnaît qu'une seule séparation portant sur les meubles et sur les immeubles de la succession, séparation qui est un privilége *sui generis*, restreint au droit de préférence.

Certainement le système qui, rejetant l'idée de privilége, n'admet pas l'existence du droit de suite, présente un inconvénient. Le tiers acquéreur d'un immeuble de la succession, qui s'est mis en règle au moyen de la transcription, est dorénavant propriétaire *erga omnes*, et n'a pas de recours à craindre de la part des créanciers de la succession ; si, de plus, le prix est payé entre les mains du vendeur, lesdits créanciers perdent d'une façon complète le droit de demander la séparation.

L'art. 1167 fait disparaître en partie cet inconvénient. Dans le cas où son application n'est pas possible, cet effet malheureux se produit, c'est incontestable, et nous ne cherchons point à le nier. Mais remarquons-le bien, le jurisconsulte qui commente la loi, le magistrat qui l'applique, n'ont pas à chercher ce qu'elle pourrait être ; ils la prennent telle qu'elle est. Il ne leur appartient pas de la modifier ; or, ce serait, à notre avis, la modifier grandement; ce serait y ajouter ne disposition qu'elle ne contient pas, que d'adopter e système par nous combattu.

§ II

Examinons maintenant la question dont la solution avait été réservée, et qui consiste à savoir quelle est, vis-à-vis des biens personnels de l'héritier, la position des créanciers et légataires qui ont demandé la séparation des patrimoines ? Il peut arriver que les biens séparés à leur profit ne soient pas suffisants pour les désintéresser. Pourront-ils, pour ce qui leur reste dû, recourir sur les biens personnels de l'héritier ?

Déjà nous avons rencontré la question en droit romain, examinons-la de nouveau en quelques lignes.

Paul et Ulpien, admettant comme principe que, par l'effet de la séparation, les créanciers de la succession devenaient désormais étrangers à l'héritier, *recesserunt à persona heredis*, disaient qu'aucun rapport ne pouvait plus exister entre ces créanciers et l'héritier. De cette donnée ils faisaient découler des conséquences d'une logique rigoureuse. Comme avant la mort du défunt, il y a deux patrimoines, chacun d'eux a ses créanciers particuliers, qui n'ont rien à prétendre sur l'autre patrimoine ; aucun recours n'est donc possible pour les créanciers du *de cujus* sur le patrimoine de l'héritier, si les biens de leur débiteur défunt ne suffisent pas pour les payer intégralement. Il en est ainsi, quand même les créanciers personnels de l'héritier étant désintéressés, ce dernier conserverait encore une certaine partie de son patrimoine.

Cette solution d'une logique si impérieuse, si géométriquement absolue, comme dit Marcadé, était sur ce point le vrai, l'unique système romain. Nous avons vu, en effet, que Papinien ne pouvait pas être considéré comme l'ayant combattu. Le grand jurisconsulte s'inclinant devant l'incontestable autorité du principe énoncé par Paul et Ulpien, ne discutait pas la question en droit. Il proposait seulement un tempérament d'équité, consistant à accorder aux créanciers et légataires, incomplètement payés sur les biens séparés à leur profit, la faculté de recourir sur ceux de l'héritier, après acquittement intégral des dettes de ce dernier.

Notre ancien droit, repoussant le principe qui sert de base au système romain, déclarait que la séparation ne porte pas atteinte à la saisine : *Qui heres est nunquam desinit esse heres*. L'héritier reste toujours débiteur des créanciers héréditaires, qui peuvent, par conséquent, se faire payer sur ses biens. Mais, comme les créanciers personnels de l'héritier ne concourent pas sur les biens de la succession avec les créanciers du *de cujus*, ces derniers ne pourront poursuivre l'héritier sur ses biens, qu'après paiement complet de ses créanciers personnels.

Ainsi donc, parité absolue de situation entre les créanciers de la succession et ceux de l'héritier. Les premiers ont un droit exclusif sur les biens de la succession, et peuvent, s'ils ne sont pas désintéressés, recourir sur le reliquat des biens de l'héritier ; les seconds ont un droit exclusif sur les biens de l'héritier, et un recours, pour ce qui leur reste dû, sur le reliquat de la succession.

Que décider sous l'empire du Code ?

Le système romain, adopté par Duranton et Bugnet, est à peu près abandonné aujourd'hui.

Une seconde solution, qui compte de très-nombreux adhérents, entre autres, M. Demolombe, accorde aux créanciers héréditaires, outre un droit de préférence sur les biens du défunt, celui de concourir au marc le franc sur les biens de l'héritier, avec ses créanciers personnels. On dit, dans le sens de cette thèse, que la séparation des patrimoines n'est pas capable d'effacer les effets produits par la saisine ; qu'en demandant la séparation, les créanciers du défunt ont entendu obtenir, sur les biens de leur débiteur originaire, une sûreté spéciale, sans vouloir pour cela décharger l'héritier devenu leur débiteur, la saisine, dont il a accepté les conséquences, l'ayant investi des droits et obligations du défunt.

Un troisième système, qui n'a pas l'avantage de réunir autant de suffrages, est soutenu par Maleville et adopté par deux esprits éminents ravis trop tôt à la science, MM. Marcadé et Mourlon. C'est celui auquel nous nous rangeons. Une remarque que nous faisons tout d'abord, c'est qu'il est conforme à la tradition à nous léguée par l'ancienne jurisprudence, tradition si vivace, nous le savons, chez les rédacteurs de notre Code ; c'est une considération qui a sa valeur et qui, jointe à celles qu'il reste à présenter, doit faire prévaloir ce systòme.

La séparation, c'est parfaitement vrai, ne détruit pas les conséquences du principe de la saisine : *Qui heres est nunquam desinit esse heres*. Malgró la séparation, l'héritier demeure toujours débiteur des créanciers du défunt, pour lui il y a désormais une seule classe de créanciers qui tous sont ses créanciers personnels, et qu'il est obligé de désintéresser sans aucune exception. La séparation obtenue par les créanciers du défunt n'est point demandée contre l'héritier ; elle ne produira vis-à-vis de lui aucun effet. Peu lui importe d'ailleurs que, parmi des créanciers envers lesquels il est également tenu, les uns se paient sur tels biens, les autres sur tels autres ; il faut, en définitive, que tous soient payés.

Entre les créanciers, la position n'est plus la même ; la séparation est obtenue par ceux du défunt contre ceux de l'héritier ; entre eux, elle a toute son efficacité. Il y a deux classes de créanciers, deux patrimoines, deux débiteurs. Chacune de ces classes a son débiteur spécial, qui doit payer ses créanciers spéciaux et non pas les autres. Ces deux classes de créanciers n'ayant pas le même débiteur, aucun concours n'est possible entre elles. Si les créanciers personnels de l'héritier sont désintéressés, leurs droits étant éteints, ces créanciers disparaissent.

Restent ceux du défunt, incomplétement payés sur les biens de la succession, en face de l'héritier conservant encore une partie de son patrimoine. Cet héritier a devant lui des créanciers qui sont et ont toujours été, depuis l'ouverture de la succession, ses créanciers personnels ; il est tout naturellement obligé de les payer. Ils viendront donc, au marc le franc, sur les biens qui restent encore entre ses mains.

Ainsi donc, point de concours entre les créanciers du *de cujus* et ceux de l'héritier sur les biens de ce dernier ; mais recours des créanciers de la succession sur le patrimoine de l'héritier après acquittement total des dettes de celui-ci.

SECTION II

LA LOI DE 1855 A-T-ELLE DE L'INFLUENCE SUR LA THÉORIE DE LA SÉPARATION DES PATRIMOINES ?

Nous savons que le Code, adoptant les principes de la loi de Brumaire, a voulu, dans l'intérêt des tiers, et aussi dans l'intérêt bien entendu du crédit des débiteurs, que les priviléges et hypothéques fussent rendus publics au moyen d'une inscription.

La loi de Brumaire décidait, dans son art. 26, que les actes translatifs de biens et droits susceptibles d'hypothèque devaient être transcrits ; que, jusqu'à la transcription, ils ne seraient pas opposables aux tiers ayant acquis sur ces biens des droits, en se conformant à la loi. Par conséquent, sous l'empire de cette loi, l'inscription des priviléges et hypothèques pouvait avoir lieu jusqu'à la transcription de l'acte translatif intervenu entre le propriétaire et le tiers acquéreur.

Le Code n'admet pas le principe de la transcription, dans les conditions de la loi de Brumaire. Il n'en fait plus qu'une formalité préliminaire de la purge des hypothèques (Art. 2181). Pour lui, l'acte translatif produit immédiatement son effet *erga omnes*, sans que rien vienne avertir les parties intéressées à le connaître. Système regrettable, qui, laissant s'accomplir dans l'ombre les actes translatifs de propriété et droits susceptibles d'hypothèque, était destructif du crédit public. La propriété demeurait incertaine vis-à-vis des tiers ; et, par ce motif, les emprunts devenaient difficiles ; car le capitaliste, qui aurait consenti à prêter sur hypothèque, hésitait à le faire, n'ayant pas la possibilité de s'assurer si l'immeuble offert en garantie par l'emprunteur appartenait réellement à ce dernier. L'inscription devait donc alors être prise immédiatement, sans perdre de temps, puisque, d'un moment à l'autre, un acte translatif pouvait venir, sans que le créancier le sût, rendre son inscription impossible, en faisant passer le bien, sur lequel elle devait porter, entre les mains d'un acquéreur.

Quant à la séparation des patrimoines, le Code accorde six mois pour s'inscrire (Art. 2111).

Vint le Code de Procédure. Les art. 834 et 835 donnent au créancier hypothécaire, pour s'inscrire, quinze jours à partir de la transcription de l'acte translatif de propriété. On admettait, comme le prouve un arrêt de la Cour de Colmar, du 3 mai 1834, que le délai de l'art. 834 n'influait en rien sur la séparation des patrimoines, et qu'après l'expiration de cette quinzaine, les créanciers et légataires pouvaient s'inscrire, tant qu'ils étaient encore dans le délai de six mois établi par l'art. 2111 du Code Civil.

En 1855, on vota la loi du 23-26 mars sur la transcription en matière hypothécaire. Cette loi revient au principe qu'avait posé la loi de Brumaire, et que le Code avait eu le tort d'abandonner. Sont transcrits, dit-elle dans son art. 1er, « tout acte translatif de propriété immobilière, ou de droits réels susceptibles » d'hypothèque, etc. »

Dorénavant la mutation de propriété ne sera parfaite à l'égard des tiers que quand elle aura été transcrite ; jusqu'à la transcription, ces derniers pourront acquérir sur les biens aliénés des droits opposables aux acquéreurs ; car, pour les tiers, tant que la transcription n'a pas été opérée, l'aliénation n'existe pas. Après cette transcription, plus d'inscription possible (loi de 1855, art. 6), et c'est logique : la transcription ayant averti le public de la mutation opérée, les créanciers de l'aliénateur ne peuvent pas avoir la prétention de s'inscrire sur des biens qu'ils savent, ou tout au moins qu'ils doivent savoir ne plus appartenir à leur débiteur. L'article précité établit, au profit du vendeur et du copartageant, une exception qui leur permet de prendre inscription dans les quarante-cinq jours de l'acte de vente ou du partage, nonobstant toute transcription d'actes faits dans ce délai. Nous n'avons pas à insister sur ce point. Les articles 834 et 835 du Code de Procédure sont abrogés par la loi de 1855.

Que devient la séparation des patrimoines sous l'empire de cette nouvelle loi ?

Remarquons d'abord que l'abrogation des articles 834 et 835 du Code de Procédure n'influe d'aucune manière sur la séparation, puisque, comme nous l'avons constaté, ces articles n'avaient pas d'application à son égard. Mais, en décidant qu'après la transcription, les inscriptions ne sont plus possibles, la loi de 1855 a-t-elle retiré aux créanciers et légataires la faculté de s'inscrire dans les six mois, que leur accordait l'art. 2111 du Code Civil ? En aucune façon. La loi de 1855 a voulu revenir aux principes de la loi de Brumaire, et rendre la transcription nécessaire pour opérer, vis-à-vis des tiers, la mutation de propriété. Elle a repoussé le système du Code de Procédure, qui n'était qu'un correctif apporté au Code Civil ; mais elle n'a nullement entendu abroger l'art. 2111. Même sous l'empire du Code, alors que l'inscription des priviléges et hypothèques devait se faire immédiatement, la séparation jouissait d'un délai de six mois. Le délai de quinze jours de l'art. 834, Pr. C., ne portait aucune atteinte à celui de l'art. 2111 ; il en est de même depuis 1855. Nonobstant toute transcription, les créanciers et légataires peuvent s'inscrire dans les six mois ; et l'aliénation ayant rendu la séparation impossible sur les biens eux-mêmes, puisqu'ils ne se trouvent plus entre les mains de l'héritier, cette séparation s'exerce sur la créance du prix.

APPENDICE

De l'organisation de la déconfiture civile.

OBSERVATIONS PRÉLIMINAIRES.

La déconfiture est l'état d'insolvabilité d'un débiteur non-commerçant ; l'insolvabilité existe quand l'actif du débiteur est inférieur à son passif.

Cette situation étant donnée, quelles sont à son égard les dispositions du Code Civil ?

Dans divers articles, la loi indique certains effets que doit produire la déconfiture, mais nulle part elle ne l'organise, nulle part elle n'établit de règles pour sauvegarder d'une manière spéciale les intérêts des créanciers du débiteur *déconfit*. C'est une lacune.

En cas de faillite, nous voyons la loi commerciale édicter une série de dispositions pour protéger les droits des créanciers du failli. Il est regrettable que la loi civile n'ait pas montré la même sollicitude à l'égard des créanciers d'un débiteur insolvable. C'est à la recherche des moyens qui pourraient être employés pour combler cette lacune, que sera consacrée cette courte étude.

§ I

Le droit romain n'avait point, comme l'ont fait les législations postérieures, distingué les dettes commerciales des dettes purement civiles ; l'insolvabilité désignait à cette époque la position d'un débiteur dont le passif dépassait l'actif, qu'il fût commerçant ou non commerçant. Si le créancier ne pouvait pas obtenir satisfaction de son débiteur, la loi mettait à son service des moyens d'exécution sur la personne même de ce dernier. Il pouvait le vendre comme esclave, au-delà du Tibre, *trans Tiberim*, et si, après avoir été exposé trois fois en vente, le débiteur n'avait point été acheté, le créancier avait droit de le mettre à mort (1).

Sous Auguste, les mœurs s'étant adoucies, et ayant perdu la barbare rigueur qui les caractérisait à l'époque de la loi des XII Tables, à l'exécution sur la personne fut substituée l'exécution sur les biens, qui se produisit sous la forme de la *cessio bonorum*.

Cette *cessio bonorum* passa dans notre ancienne jurisprudence.

Pendant longtemps, sous son empire, le terme *d'insolvabilité* s'appliqua aux débiteurs commerciaux

(1) Loi des XII Tables.

comme aux débiteurs civils ; peu à peu cependant, on établit une distinction entre eux. Elle devint complète sous Louis XIV ; l'ordonnance de 1673 réglementait l'état de *faillite* auquel elle soumettait les débiteurs commerçants.

L'ordonnance du 18 novembre 1702 déclara nuls les transports et cessions faits dans les dix jours de la faillite.

L'ordonnance du 10 juin 1715 attribua la connaissance des faillites aux juges consulaires.

C'est dans le même sens que sont conçues les lois actuelles. Le débiteur civil devenu insolvable est en état de déconfiture ; le commerçant qui cesse ses paiements est en faillite, et la faillite est du ressort des Tribunaux de commerce.

Si, en ce qui touche la déconfiture, le Code Civil présente une lacune, le Code de Commerce est au contraire fort complet, relativement à la faillite. Parmi les règles qu'il édicte à ce sujet, les unes ont un caractère absolument commercial ; elles ne peuvent se comprendre que vis-à-vis d'un débiteur commerçant ; d'autres, au contraire, n'ayant pas ce caractère exclusif, et très-bonnes dans le cas d'engagements commerciaux, n'ont rien, par leur nature, qui doive les rendre inapplicables, quand il s'agit de sauvegarder les droits de créanciers purement civils.

Cherchant le moyen d'organiser la déconfiture dans l'intérêt des créanciers du débiteur insolvable, nous voudrions des mesures qui empêchassent ce dernier de frustrer ses créanciers de tout ou partie du dividende qui doit leur être payé. On trouve le principe des mesures demandées dans le Code de Commerce, qui, en cas de faillite, prend des dispositions inspirées surtout par le désir de protéger les créanciers. Aussi, c'est dans la loi commerciale, c'est en appliquant par analogie celles des règles de la faillite qui ne sont pas incompatibles avec la nature civile des engagements d'un débiteur insolvable, que nous allons essayer de formuler quelques règles à propos de la déconfiture.

CHAPITRE I

COMMENT CONSTATER L'ÉTAT DE DÉCONFITURE ?

Voyons ce que décidait l'ancien droit à ce sujet.

« Il faut, pour qu'il soit constant qu'un homme soit
» déconfit et insolvable, que tous ses biens, tant meu-
» bles qu'immeubles, aient été saisis et vendus publi-
» quement, et que le prix qui en est provenu, soit in-
» suffisant pour satisfaire les créanciers saisissants et
» opposants. » (1)

(1) Ferrière, Dictionnaire v° *Déconfiture.*

« Le cas de déconfiture est quand les biens d'un
» débiteur, tant meubles qu'immeubles, ne suffisent
» pas aux créanciers apparents. » (1)

Voici maintenant comment la question est résolue
sous l'empire du Code Civil : « La déconfiture d'une
» personne est juridiquement constatée par la saisie
» de ses biens à la requête de ses créanciers, et par
» l'insuffisance de ces biens pour payer les dettes,
» insuffisance constatée par la procédure suivie pour
» en faire la répartition. » (2)

Ainsi, dans l'ancien droit et sous l'empire du Code
Civil, l'insuffisance des biens d'un débiteur à satisfaire
ses créanciers, établie par suite d'une saisie, est une
constatation juridique de la déconfiture. On voit, en
effet par là, que le passif du débiteur est supérieur à
son actif ; que ce débiteur est insolvable ; c'est bien
là cette déconfiture, que nous avons définie plus haut :
l'état d'insolvabilité d'un débiteur non commerçant.

I. — La déconfiture se trouvant ainsi établie en fait,
il serait bon qu'elle le fût de plus judiciairement, et pour
cela, un jugement du Tribunal civil rendu à la suite
des opérations de la saisie, dont le Tribunal connaît le
résultat, déclarerait la déconfiture.

II. — Encore bien qu'il n'y eût pas de saisie, la déconfiture pourrait aussi être déclarée d'office par le
Tribunal, comme l'art. 440 du Code de Commerce
permet de le faire en cas de faillite. Quoique ses biens

(1) *Coutume de Paris*, art. 180.
(2) MM. Massé et Vergé sur Zachariæ.

ne soient pas saisis, un débiteur peut cependant se trouver en état de déconfiture ; il suffit pour cela que son passif dépasse son actif. Si ses créanciers ne connaissent pas cette position, s'ils ont confiance en lui et lui accordent du crédit, ils ne saisiront pas ; il n'en est pas moins vrai , cependant, qu'en fait la déconfiture existe. Si le Tribunal vient à la connaître, il la déclarera. Dans cette hypothèse, le jugement aura de l'importance, parce qu'il produira des effets qui, nous le verrons , seront à l'égard des créanciers une sérieuse garantie.

On trouvera peut-être exorbitant que, de son propre mouvement, quand les créanciers ne poursuivent pas leur débiteur, le Tribunal puisse déclarer ce débiteur en état de déconfiture, et rendre contre lui un jugement dont les conséquences seront assez rigoureuses. On pourra dire que les créanciers qui n'agissent pas, qui laissent leur débiteur contracter des dettes d'une façon indéfinie, sans se faire donner de sûretés spéciales, ou sans réclamer leur paiement, sont négligents ; que, dès lors, ils ne méritent pas la protection de la loi : *Vigilantibus jura subveniunt.*

L'idée qu'exprime cette maxime est vraie en principe, mais il ne faut pas se montrer exagéré dans son application ; car on pourrait bien dire alors : *Summum jus, summa injuria.* En effet, on en viendrait à faire de la confiance dont jouit un débiteur de la part de son créancier, une faute imputable à ce dernier ; et quand, poussé par ce sentiment, il ne prendrait pas certaines précautions utiles, on refuserait à la justice le droit de le faire pour lui ! C'est aller trop loin. D'ailleurs, qu'on le remarque bien, la pratique trop scrupuleuse de la règle : *Vigilantibus jura subveniunt*, serait destructive du crédit public ; car cette confiance que l'on blâme finirait par disparaître, et le crédit la suivrait.

III. — Le Tribunal pourrait encore, sur la demande d'un ou de plusieurs des créanciers, constater la déconfiture et la déclarer par un jugement.

Nous allons examiner ces trois hypothèses.

CHAPITRE II

DE LA DÉCLARATION DE DÉCONFITURE ET DE SES EFFETS.

§ I

I. — Les créanciers d'un débiteur font saisir et vendre ses biens ; une distribution par contribution a lieu, et une procédure d'ordre est ouverte pour répartir le prix des immeubles ; il est constaté que le patrimoine du débiteur est insuffisant pour payer ses dettes, l'insolvabilité existe, par conséquent il y a déconfiture. Le débiteur se verra alors déchu du bénéfice du terme. L'art. 1188 du Code Civil, qui établit cette déchéance, ne parle que de la faillite ; mais ce qu'il dit de la faillite doit, par *à fortiori*, s'appliquer à la déconfiture. La faillite résultant de la cessation des paiements, peut en effet être déclarée à l'égard d'un commerçant gêné momentanément, quoique parfaitement solvable ; tandis que la déconfiture est l'état d'insolvabilité d'un non-commerçant. (1) Les créanciers à terme pourront donc agir immédiatement pour être payés.

Quant aux créanciers conditionnels, on pourrait, par analogie de ce que nous avons dit en cas de séparation, décider qu'ils toucheront un dividende, en donnant caution de le restituer, si la condition vient à défaillir.

L'insolvabilité étant constatée par le résultat de la distribution par contribution et de la procédure d'ordre, le Tribunal, sur le rapport du juge-commissaire et les conclusions du ministère public, rendrait un jugement déclarant la déconfiture.

Ce jugement, à l'exemple de celui qui intervient en cas de faillite, devrait non-seulement déclarer la déconfiture, mais aussi déterminer l'époque à laquelle elle a commencé, c'est-à-dire le moment où le passif dépassant l'actif, le débiteur s'est trouvé insolvable.

Seraient nuls et sans effet, relativement aux créanciers, lorsqu'ils auraient été faits par le débiteur depuis l'époque déterminée par le Tribunal comme étant celle

---

(1) Mourlon sur l'art. 1188. — Marcadé sur le même article. — Art. 1913, *Arg.*

où a commencé l'insolvabilité, ou dans les dix jours précédant cette époque, les actes suivants :

1° *Tous actes translatifs de propriété mobilière ou immobilière, à titre gratuit.* (1) Quand un débiteur insolvable, ou sur le point de le devenir, éventualité qu'il ne doit pas, en général, pouvoir ignorer, fait des donations, il est difficile de ne pas voir, dans ces dispositions, l'intention de frauder ses créanciers. D'ailleurs, cette idée de fraude, ne fût-elle pas celle du débiteur, la solution devrait être la même relativement à la nullité de ces donations. Avant de faire des dons, il est naturel de payer ses créanciers : *Nemo liberalis nisi liberatus.*

2° *Toute hypothèque conventionnelle ou judiciaire, tous droits d'antichrèse ou de nantissement, constitués sur les biens du débiteur, pour dettes antérieurement contractées.* (2)

Cette disposition est facile à justifier. Les créanciers qui ont fait constituer à leur profit ces sûretés tardives, avaient consenti d'abord à s'en rapporter entièrement à la foi de leur débiteur. Pourquoi, au moment où ce débiteur est insolvable ou sur le point de le devenir, demandent-ils une hypothèque, un gage ou une antichrèse? Ou bien ils ont été avertis par le débiteur qui veut les favoriser; ou bien étant à portée de le surveiller, ils ont pressenti l'insolvabilité.

(1) Art. 446 du Code de Commerce.
(2) *Idem.*

S'étant contentés d'une obligation chirographaire, ils ont les mêmes droits que les autres créanciers qui se trouvent dans cette position. La loi ne veut pas, et elle a raison, que la mauvaise foi du débiteur ou que l'heureuse chance qu'ont quelques-uns des créanciers, de se trouver placés près de ce débiteur, leur donne la possibilité d'acquérir un droit de préférence vis-à-vis de leurs cocréanciers, qui, nous le répétons, ont des droits égaux aux leurs.

3° *Tous paiements pour dettes non échues.* (1) En général, on attend pour payer ses dettes que l'échéance soit arrivée ; le contraire peut se présenter, mais ce sera rare ; en tout cas, si ce paiement anticipé est fait par un débiteur insolvable, l'idée de fraude est difficile à repousser. Les nullités que le Code de Commerce prononce dans les cas qui viennent d'être énumérés, sont parfaitement raisonnables ; nous voudrions les voir appliquer à la déconfiture.

Si les hypothèques et autres sûretés, dont il a été parlé plus haut, avaient été constituées depuis l'époque où a commencé l'insolvabilité, ou dans les dix jours précédents, mais en même temps que l'obligation principale, elles seraient valables. L'art. 446, auquel est empruntée cette disposition, ne prononce la nullité qu'à l'égard des sûretés venant garantir des dettes *antérieurement contractées ;* nous déciderions de même. En effet, dans le cas où elles auraient pris

______

(1) Art. 446 du Code de Commerce.

naissance en même temps que l'obligation principale, on ne pourrait plus voir là une cause de préférence au préjudice des créanciers de la déconfiture, c'est une condition que le nouveau créancier a mise au contrat qui est intervenu entre lui et le débiteur.

L'idée d'empêcher les créanciers d'un débiteur en déconfiture d'acquérir, depuis son insolvabilité, des droits de préférence pour dette antérieure, au préjudice de leurs cocréanciers, et l'incapacité pour le débiteur de constituer de tels droits sur ses biens, ne sont point sans précédents. La Coutume de Paris, qui permettait au créancier premier saisissant d'être intégralement payé, lui retirait ce bénéfice en cas de déconfiture ; voici les textes :

Art. 178 : « Le créancier, qui fait premier arrêter
» et saisir valablement ou prendre par exécution
» aucuns meubles appartenant à son débiteur, doit
» être le premier payé. »

Art. 179 : « Toutefois, en cas de déconfiture, cha-
» cun créancier vient à contribution au sol la livre sur
» les biens meubles du débiteur. Et il n'y a point de
» préférence ou prérogative pour quelque cause que
» ce soit, encore qu'aucun des créanciers eût fait
« premier saisir. »

La loi du 11 Brumaire an VII déclare qu'on ne peut constituer hypothèque dans les dix jours qui précèdent la faillite, banqueroute ou déconfiture.

Art. 5 : « L'inscription qui serait faite dans les
» dix jours avant la faillite, banqueroute ou cessation

» publique de paiement d'un débiteur, ne confère
» point hypothèque. »

La restriction que la Coutume de Paris faisait subir au
droit commun est sans intérêt aujourd'hui ; car le privilége du premier saisissant n'existe plus. (1) Quant à
celle de la loi de Brumaire, nous l'adoptons en propo-
sant de la reproduire.

II. — On pourrait admettre la disposition de l'art.
447, et donner au Tribunal un pouvoir discrétionnaire,
lui permettant d'annuler les paiements de dettes échues
et tous actes à titre onéreux, passés par le débiteur
depuis que son insolvabilité a commencé et avant la
transcription de la saisie, quand ceux qui ont reçu du
débiteur ou traité avec lui avaient connaissance de
son insolvabilité. Il ne faut pas qu'une personne insolvable puisse avantager un créancier en lui payant la
totalité de sa créance ou un dividende supérieur à
celui qui doit lui revenir. Les actes à titre onéreux
pourraient porter préjudice aux créanciers; le Tribunal
les apprécierait et prononcerait la nullité, quand il le
jugerait opportun.

Cette faculté d'annulation donnée au Tribunal serait
utile aux créanciers, malgré la ressource que leur
fournit l'art. 1167. L'action Paulienne ne pourrait, en
effet, s'appliquer dans les hypothèses qui nous occupent, que s'il y avait fraude de la part du débiteur, et
complicité du créancier payé ou du tiers traitant avec

<hr>

(1) Code de Procédure Civile, art. 656.

le débiteur ; tandis que le Tribunal pourrait annuler les actes en question, même au cas où il n'y aurait point de fraude.

III. — Quant aux hypothèques et priviléges valablement acquis, on en permettrait l'inscription jusqu'à la transcription de la saisie ; par conséquent on pourrait procéder à cette inscription pendant les dix jours qui précèdent la date de l'insolvabilité, et même depuis. Il faudrait, toutefois, qu'il ne se fût pas écoulé plus de quinze jours depuis la naissance du droit, dont l'inscription constate l'existence ; autrement, le Tribunal pourrait déclarer nulle cette inscription tardive. L'art. 448 le décide ainsi, et avec sagesse. Il ne faut pas, en effet, comme le dit fort bien M. Rivière, « que par une collusion concertée entre le débiteur et le créancier, ce dernier retarde à dessein l'inscription, pour ménager au débiteur un crédit apparent qui pourrait induire les tiers en erreur sur sa position véritable. (1)

Les effets du jugement déclaratif que nous venons d'envisager, se produisent à une époque antérieure à la saisie, qui, une fois pratiquée, suivra son cours naturel. C'est elle qui apparaît la première ; les biens sont saisis et vendus avec les formalités établies au Code de Procédure ; de cette saisie et de cette vente résulte la constatation de l'insolvabilité. Le Tribunal, en présence de cette situation, déclare la déconfiture, en

____

(1) Rivière, *Répétition sur le Code de Commerce*, page 536.

fixe l'époque et annule certains actes faits entre cette époque et la saisie, ou dans le laps de temps compris entre le dixième jour avant le commencement de l'insolvabilité et la saisie. Au moyen des nullités qu'il prononce, il vient, après l'exécution sur les biens du débiteur, augmenter le dividende des créanciers.

IV.—En cas de faillite, le Code de Commerce restreint d'une façon assez considérable les droits de la femme du failli sur les biens de son mari. La loi a voulu empêcher que la femme du failli vienne exercer un recours sur ceux des biens de son mari qui ont été acquis probablement avec l'argent des créanciers ; elle ne veut pas surtout que la femme puisse réclamer le montant des avantages à elle consentis par son mari, quand les créanciers sont réduits à se contenter d'un dividende. Il serait à propos d'apporter ces restrictions aux droits de la femme d'un débiteur en déconfiture. Les raisons qui ont paru sages aux rédacteurs du Code de Commerce, se comprennent très-bien aussi dans l'hypothèse de la déconfiture, et justifieraient l'application à notre matière des art. 557 et suivants du Code de Commerce.

Certains biens appartenant en propre à la femme, les droits de cette dernière étant sur eux établis d'une manière certaine, on ne peut pas supposer qu'ils aient été acquis avec l'argent des créanciers. Rien de plus naturel, dès lors, que les créanciers n'aient point prise sur eux, car la femme propriétaire de ces biens est étrangère aux créanciers. Advenant donc la déconfiture, la femme, quel que fût le régime matrimonial, pourrait reprendre en nature les immeubles qui lui appartenaient à l'époque de la célébration du mariage, et elle aurait le même droit vis-à-vis de ceux qu'une succession, une donation entre-vifs ou un testament, auraient fait arriver entre ses mains , pendant le mariage.

Les meubles dont elle était propriétaire au moment du mariage, pourraient aussi être repris par elle, quand ils auraient le caractère de propres.

Il en serait ainsi des meubles, des sommes qui lui parviendraient pendant le mariage, avec le même caractère. Si, avec ces sommes, dont la provenance serait constatée par un inventaire ou tout autre acte authentique, elle avait acquis des immeubles en déclarant dans l'acquisition qu'elle faisait emploi de sommes à elles propres, ces immeubles pourraient aussi être repris en nature. Sans cette constatation de l'origine des deniers, la loi, dans sa sage défiance, supposerait, jusqu'à preuve contraire, que l'argent employé par la femme lui avait été fourni par son mari, et regarderait les immeubles acquis comme faisant partie du gage des créanciers.

Cette faculté de reprise en nature serait possible pour la femme relativement à des immeubles acquis en remploi d'immeubles aliénés, en admettant, bien entendu, qu'il fût établi que c'est à titre de remploi qu'ils ont été acquis. La femme devrait respecter les hypothèques légalement constituées depuis lors sur les immeubles qu'elle reprendrait.

Les immeubles que la femme aurait, par la clause d'ameublissement, fait entrer dans la communauté, ne seraient point susceptibles d'être repris comme ceux dont nous avons parlé jusqu'à présent.

Une dette payée par la femme pour son mari est présumée acquittée avec les deniers de ce dernier. La femme pourrait cependant, à condition de faire preuve que cette présomption doit être écartée dans l'espèce, et en établissant sa propriété relativement aux sommes ainsi employées par elle, exercer la répétition des fonds qu'elle aurait consacrés à la libération de son mari.

On devrait aussi admettre la restriction que la loi commerciale fait subir à l'hypothèque légale de la femme.

Quand le mari serait en état de déconfiture, la femme ne pourrait faire porter son hypothèque que sur les immeubles qu'il possédait au moment de la célébration du mariage, et sur ceux à lui échus depuis par succession, donation ou testament. Quant aux immeubles acquis à titre onéreux, comme il est probable qu'ils ont été payés avec l'argent des créanciers, ces derniers auraient sur eux un gage exclusif.

Enfin, d'après la disposition éminemment juste de l'art. 564, la femme ne pourrait exercer aucune action à raison des avantages stipulés à son profit dans le contrat de mariage. Il ne faut pas qu'elle s'enrichisse quand les créanciers ne reçoivent pas entière satisfaction ; de leur côté d'ailleurs, ces derniers n'auraient point le droit de réclamer la réalisation de ceux que la femme aurait faits à son mari.

Dans notre système, le jugement déclaratif de déconfiture, que nous proposons de faire intervenir après une saisie, produit donc des effets rétroactifs, et au moyen des nullités qu'il prononce, et des incapacités qu'il établit, il grossit le dividende des créanciers. Les restrictions apportées par lui aux droits de la femme du débiteur en déconfiture, améliorent en outre la position des créanciers.

§ II

La déconfiture existant en fait, les créanciers ne procéderont peut-être pas à la saisie, soit parce qu'ils ignorent l'état des affaires du débiteur ; ou parce que ceux d'entre eux qui connaissent son insolvabilité ne veulent pas faire l'avance des frais nécessaires ; soit parce qu'ils s'entendent avec lui.

Dans ces différents cas, le jugement déclaratif de déconfiture aurait une importance capitale, puisqu'il viendrait protéger des intérêts que les créanciers ne peuvent pas ou ne pensent pas à sauvegarder.

Il serait utile, croyons-nous, d'accorder au Tribunal qui viendrait à connaître l'état des affaires du débiteur le droit de rendre d'office, et en l'absence de toute poursuite, un jugement déclaratif de déconfiture ; utile aussi de permettre aux créanciers de provoquer ce jugement, sans avoir besoin de pratiquer de saisie.

Intervenant sur la demande d'un créancier ou prononcé d'office, le jugement aurait, dans l'une et l'autre hypothèse, des conséquences identiques.

Il ne faudrait pas que ce droit de demander au Tribunal un jugement déclaratif de déconfiture pût devenir un abus entre les mains des créanciers. Aussi il paraîtrait bon, qu'avant leur demande ils eussent inutilement mis leur débiteur en demeure de payer ce qu'il leur devrait. Ce refus, pouvant être pour eux un indice d'insolvabilité, ils s'adresseraient alors au Tribunal, pour que ce dernier la déclarât par jugement.

Ce jugement déclaratif, rendu sur demande ou d'office, produirait les effets rétroactifs dont nous avons parlé plus haut à propos du jugement prononcé à la suite d'une saisie. Il n'y a qu'à renvoyer sur ce point à ce qui a été dit à cette occasion. Mais, en l'absence de saisie et des mesures conservatoires qu'elle établit, nous appliquerions, dans l'intérêt des créanciers, plusieurs dispositions protectrices empruntées à la faillite, et qui eussent été inutiles si l'on eût procédé à la saisie.

Le jugement déclaratif dont nous nous occupons maintenant, aura donc les résultats que nous connaissons déjà, et en outre des effets bien plus étendus que celui qui a fait précédemment l'objet de notre examen. Ces effets auront lieu après le jugement et à partir du jour où il aura été rendu ; nous allons les examiner.

I. — Le Tribunal civil a déclaré la déconfiture d'un débiteur ; il a annulé certains actes qui, faits depuis que l'insolvabilité a commencé ou dans un temps fort rapproché de cette insolvabilité, causeraient, s'ils étaient maintenus, préjudice aux créanciers ; ce jugement doit protéger les créanciers dans l'avenir, comme il le fait pour le passé. Le moyen le plus efficace d'arriver à ce résultat, c'est de dessaisir le déconfit de l'administration de ses biens. Le jugement déclaratif de faillite produit cet effet ; nous emprunterions cette disposition à la loi commerciale pour l'appliquer à la déconfiture.

On objectera peut-être l'art. 527 du Code Civil, qui pose ce grand principe, que les particuliers ont la libre disposition des biens qui leur appartiennent. C'est là, pourra-t-on dire, l'essence de la propriété ; c'est un droit tellement évident, tellement indiscutable, qu'il faut des raisons fondées sur une nécessité absolue pour y apporter une limitation.

Cette nécessité, nous la trouvons dans l'hypothèse qui nous occupe en ce moment. Il ne faut pas qu'un débiteur insolvable puisse, quand son insolvabilité a été reconnue et constatée par un jugement, avantager ceux de ses créanciers sur qui porteraient ses préférences ; il ne faut pas non plus qu'il ait la faculté de diminuer un patrimoine déjà insuffisant pour le paiement de ses dettes. Si les droits d'un propriétaire sont respectables, ceux de ses créanciers ne le sont pas moins ; et, pour protéger ces derniers, le moyen proposé est radical, peu compliqué, profitable par conséquent, et comme tel admissible.

Les actes de disposition faits par le débiteur après le jugement déclaratif, seraient nuls, ainsi que les causes de préférence que ce débiteur pourrait consentir alors au profit de quelques-uns de ses créanciers. Les sûretés antérieurement et valablement constituées, ne pourraient plus être inscrites après ce jugement.

En un mot, et d'une manière générale, tous les actes qui tendraient à changer la position des créanciers ne pourraient pas être faits par le débiteur déconfit.

II. — Le débiteur est dessaisi; il faut néanmoins que ses biens soient administrés. A cet effet, le Tribunal, par le jugement déclarant la déconfiture, nommerait un syndic à qui serait confiée l'administration, et qui aurait en outre d'autres fonctions dont nous parlerons plus loin.

Pour éviter les frais qu'occasionneraient les poursuites intentées par chacun des créanciers, on leur retirerait le droit d'agir individuellement contre le débiteur, et ce serait le syndic qui serait chargé de payer les créanciers.

Par suite de la déconfiture, les créances à terme contre le débiteur deviendraient exigibles (article 1188 du Code Civil). Les créanciers conditionnels pourraient être admis à toucher un dividende aux conditions dont nous avons parlé plus haut, chap. II, § 1.

IV.—Nous avons vu le Tribunal nommer un syndic pour remplacer le débiteur dans l'administration de ses biens; mais il est bon que la gestion de ce syndic, et les opérations qui vont se produire pour en arriver au paiement des créanciers, se fassent sous l'œil de la justice. En cas de faillite, le Tribunal de commerce nomme un juge-commissaire, chargé précisément de cette surveillance. Il faudrait qu'il en fût de même dans le cas de déconfiture. Le Tribunal civil choisirait un de ses membres qu'il investirait de la fonction de juge-commissaire.

V. — Pour éviter que des détournements ne vinssent diminuer encore l'actif du débiteur, le Tribunal ordonnerait l'apposition des scellés.

VI. — La loi commerciale veut que le syndic désigné par le Tribunal ne soit que provisoire, et que le juge-commissaire convoque les créanciers à bref délai, pour s'entendre sur le choix de syndics définitifs. Dans le but d'économiser le temps, on pourrait, en cas de déconfiture, s'abstenir de cette double nomination et donner au Tribunal la faculté de nommer un syndic définitif. Le Tribunal est parfaitement en position de faire un bon choix. La liquidation des biens d'un débiteur ordinaire offre moins de difficultés que s'il était commerçant; le juge-commissaire d'ailleurs exerce sa surveillance, ce qui est grandement suffisant pour rassurer tous les intérêts.

Comme nouvelle garantie, le syndic pourrait, sur le rapport du juge-commissaire, être révoqué par le

Tribunal. Le juge-commissaire provoquerait cette révocation, soit d'office, soit sur la demande d'un ou
plusieurs créanciers, ou même sur celle du débiteur.

Le Code de Commerce permet de porter à trois le
nombre des syndics ; dans notre hypothèse on se con-
tenterait d'un seul.

Le syndic administrerait les biens du débiteur et
serait aussi chargé de prendre les mesures nécessaires
dans l'intérêt des créanciers. Il se livrerait, en cette
qualité, à une série d'opérations que nous allons briè-
vement examiner.

Il ferait lever les scellés apposés par l'ordre du Tribunal, procéderait à la confection d'un inventaire, au
recouvrement des créances du débiteur, et pourrait,
avec l'autorisation du juge-commissaire, faire vendre
le mobilier ; il procéderait à tous les actes conservatoires nécessaires pour garantir les droits du débiteur
déconfit contre ses propres débiteurs. Il devrait aussi
prendre inscription au profit de la masse des créanciers
sur les immeubles du débiteur dont il connaîtrait
l'existence.

Les créances seraient vérifiées par le syndic en
présence du juge-commissaire, afin d'être assuré de
ne payer un dividende qu'à des créanciers dont les
droits seraient sérieusement établis.

Quant au mode à employer pour avertir les créanciers, pour ce qui touche à la contestation des créances
et à la façon de régler ces contestations, on suivrait les
formes établies par les articles 491 et suivants du

Code de Commerce.

VII. — Un concordat pourrait être accordé au débiteur. Les créanciers lui donneraient des délais pour se libérer, ou même lui feraient des remises. Ce concordat serait homologué ; le dessaisissement cesserait, et le débiteur serait remis à la tête de l'administration de ses biens. Si, après ce concordat, on venait à découvrir que le débiteur a dissimulé une partie de l'actif ou exagéré son passif, il y aurait dans ce fait un dol qui permettrait de faire annuler le concordat.

On pourrait en demander la résolution dans le cas où le débiteur ne remplirait pas les conditions auxquelles il s'était soumis vis-à-vis de ses créanciers.

L'annulation ou la résolution de ce concordat ferait renaître le dessaisissement, et on devrait se livrer à des vérifications pour constater si, pendant que le débiteur a administré sa fortune, il ne s'est point produit de changement soit dans l'actif, soit dans le passif.

Si, l'actif étant épuisé, il n'était plus possible au syndic de faire face aux dépenses, le Tribunal pourrait, comme au cas de faillite, prononcer la clôture, qui, sans faire cesser le dessaisissement, rendrait aux créanciers le droit d'exercer des poursuites individuelles.

Si l'on n'accordait pas de concordat, on liquiderait l'actif, le syndic serait chargé de la vente de tous les biens sous la surveillance du juge-commissaire.

Quand le concordat a été résolu, parce que des circonstances malheureuses ont empêché le débiteur failli de remplir ses engagements, le Code de Commerce permet d'en accorder un second. Pour accélérer autant que possible la liquidation, il serait bon que cette disposition ne fût pas applicable à la déconfiture. Après la résolution du concordat, on devrait immédiatement procéder à la vente. En soi le concordat, même en matière civile, serait une bonne chose, en ce qu'il permettrait de remettre à la tête de ses affaires un débiteur malheureux qui, avec le temps, parviendrait peut-être à payer ses créanciers, mais il n'aurait point l'importance de celui qui est consenti en faveur d'un failli. Le commerce de ce dernier, qui, entre ses mains est susceptible de prospérer et de produire de beaux résultats, ne pourrait le plus souvent que décroître, quand il serait confié à des syndics. La fortune d'un débiteur en déconfiture ne serait point en général exposée à ces mauvaises chances par l'administration du syndic ; c'est pourquoi si l'essai d'un concordat n'avait pas réussi, il serait inutile d'en tenter un second. Il n'y aurait alors qu'à vendre les biens le plus tôt, et au meilleur compte possible, pour arriver à désintéresser les créanciers.

VIII. — Que déciderions-nous dans le cas où un créancier aurait plusieurs débiteurs solidaires, tous en déconfiture ? comment exercerait-il son recours contre chacun d'eux ?

Le Code de Commerce, visant cette hypothèse à propos de la faillite, dit, dans son art. 542, que le créancier participera à la distribution dans toutes les masses, et y figurera pour la valeur nominale de son titre jusqu'à parfait paiement. Paul, créancier de 100,000 fr., a pour débiteurs solidaires Primus, Secundus et Tertius, tous trois en faillite. Il se présente à la faillite de Primus qui donne cinquante pour cent ; il touche 50,000 fr.; il se présente à celle de Secundus pour la valeur nominale de son titre ; la faillite donne vingt-cinq pour cent, il reçoit 25,000 fr. Celle de Tertius produisant aussi vingt-cinq pour cent, il a de même dans cette dernière un dividende de 25,000 fr., il sera par conséquent intégralement payé.

Incontestablement ce système de la loi est pratique et simple; mais est-il juste ? Non. Quand Paul se présente à la faillite de Secundus, il n'est plus créancier de 100,000 fr., mais seulement de 50,000 fr. Il devrait recevoir un dividende basé sur cette somme, qui seule lui est due ; il ne toucherait par conséquent que 12,500 fr., et la même chose aurait lieu à l'égard de la faillite de Tertius.

En un mot, le créancier porteur d'engagements solidaires, aurait le droit de se présenter à toutes les masses, mais sauf déduction de ce qu'il aurait reçu dans celles où il aurait d'abord figuré. C'était le système de Pothier. (*Contrat de louage*, n° 179.) Le Code de Commerce ne l'a pas suivi, parce que ce système ne permet pas aux créanciers d'être intégralement payés. C'est à la vérité un inconvénient, mais le Code de Commerce fait une injustice en permettant à ce créancier de se faire payer un dividende, relativement à une somme qui ne lui est plus due.

C'est le système de Pothier que nous voudrions appliquer à la déconfiture ; le créancier dont les différents débiteurs seraient dans cet état, aurait le droit de se faire payer successivement sur le prix de vente des divers patrimoines, mais déduction faite de la partie de la créance déjà soldée.

IX. — La caution qui a fait un paiement partiel a certainement le droit de recourir contre le débiteur qu'elle a garanti. On devrait respecter le principe de l'art. 1252 du Code Civil, qui veut que le créancier qui n'a été payé qu'en partie, exerce ses droits pour ce qui lui reste dû, par préférence à celui dont il n'a reçu qu'un paiement partiel. La caution ne pourrait donc point se présenter pour être remboursée en concours avec le créancier, car ce concours restreindrait la part du créancier, ce que la loi ne veut pas. La caution ne pourra se faire désintéresser que quand le créancier l'aura été lui-même.

Malgré les remises que les créanciers auraient pu faire au débiteur en déconfiture, en lui accordant un concordat, ces créanciers conserveraient leur action pour ce qui leur resterait dû, contre les coobligés ou les cautions de leur débiteur.

Les créanciers qui auraient un gage, le conserveraient ; la déconfiture ne saurait les en priver ; ils pourraient le faire vendre et se payer sur le produit de la vente. Si le prix en provenant n'était pas suffisant pour les payer, ils seraient, pour ce qui leur resterait dû, dans la classe des créanciers ordinaires, et recevraient comme tels un dividende.

Comme les syndics d'une faillite, le syndic d'une déconfiture aurait le droit de retirer les gages en désintéressant les créanciers gagistes.

Les créanciers privilégiés sur les meubles conserveraient leur privilége ; le juge-commissaire pourrait, par analogie de l'art. 551 du Code de Commerce, ordonner leur paiement sur les premiers deniers disponibles.

Conformément à l'art. 2102 du Code Civil, le vendeur aurait un privilége sur les objets mobiliers vendus par lui au débiteur déconfit, tant que ces objets se trouveraient entre les mains de l'acheteur ; il pourrait aussi, dans le cas d'une vente sans terme, revendiquer les objets s'ils se trouvaient encore entre les mains de l'acheteur, à condition que cette revendication eût lieu dans la huitaine de la livraison, et que les objets fussent encore dans le même état qu'à l'époque de cette livraison.

Rien ne serait changé quant aux droits des créanciers hypothécaires ou privilégiés sur les immeubles. Si leur hypothèque ou leur privilége ne suffisait pas pour leur assurer un paiement intégral, ils seraient, pour le reliquat, assimilés aux créanciers chirographaires et viendraient à contribution avec eux.

Si les meubles étaient vendus et le prix distribué avant l'aliénation des immeubles, les droits des créanciers dont nous nous occupons en ce moment, se—

raient réglés d'après les dispositions des art. 553, 554, 555 du Code de Commerce, auxquels nous nous contentons de nous reporter sans en reproduire la teneur.

Les droits de la femme du débiteur en déconfiture subiraient les restrictions indiquées plus haut, § 1, n° 4.

Les créanciers chirographaires seraient payés au marc le franc sur le prix des meubles et des immeubles ; on emprunterait au Code de Commerce les formalités indiquées dans les art. 565 et suivants pour les appliquer à la déconfiture. Le jugement déclaratif de déconfiture serait susceptible d'être attaqué; la voie de l'opposition, de l'appel, serait ouverte au déconfit, aux créanciers, aux tiers qui verraient les actes par eux faits avec le déconfit mis à néant par ce jugement. Quant aux délais, on suivrait ceux du Code de Commerce, art. 580 et suivants.

C'est là l'ensemble des règles que nous proposerions d'admettre dans le cas de déconfiture. Calquée sur celle de la faillite, cette organisation ne serait pas pour ainsi dire une innovation, mais un emprunt que le Code Civil ferait à la loi commerciale. Nous ne sayons si cette idée d'assimiler la déconfiture à la faillite trouvera beaucoup d'adhérents ; nous serions tenté de croire que non, à en juger d'après les documents consultés par nous. M. Breynat, dans son étude sur la Déconfiture civile, la seule d'ailleurs qu'il nous ait été possible de rencontrer sur ce sujet, repousse l'assimilation proposée. Nous la croyons juste cependant, et nous persistons dans notre idée.

On dira que ces mesures sont une atteinte au droit de propriété ; qu'il est à la fois cruel et superflu de dépouiller le débiteur insolvable de l'administration de ses biens ; que c'est une injure pour l'homme d'honneur dont le patrimoine se trouve dévoré par les dettes causées souvent par des malheurs. Il en sera fréquemment ainsi, nous ne le nions pas, mais le commerçant que la loi soumet au système de la faillite, n'y est-il pas souvent amené par suite de désastres qu'il lui aura été impossible d'éviter ? Et puis, on est bien obligé de reconnaître qu'à côté d'un débiteur honnête, il s'en trouve qui le sont moins, et d'autres qui le sont fort peu. La bonne foi doit se supposer, c'est vrai, mais la mauvaise foi existe, et il faut se prémunir contre elle. Après tout, le système proposé, qui peut paraître dur, est favorable aux débiteurs. Les capitaux énergiquement protégés, circuleraient plus facilement, de sorte que cette organisation de la déconfiture deviendrait un instrument de crédit. Elle servirait d'avertissement par sa sévérité même ; elle détournerait souvent de ces entreprises hasardeuses qui conduisent à la ruine et sauverait peut-être bien des fortunes.

QUESTIONS CONTROVERSÉES

DROIT ROMAIN.

I. — Quand la femme, pour se constituer une dot, délègue un de ses débiteurs, qui promet au mari ce qu'il doit à la femme, la délégation est toujours réputée faite aux risques de la femme ; l'insolvabilité ne retombe sur le mari que s'il a été négligent à poursuivre, à moins, toutefois, qu'il n'ait pris les risques à sa charge.

II. — Plusieurs personnes chargent sur un navire du blé ou autres choses fongibles, en faisant du tout une masse unique, et en convenant que le maître du navire devra leur rendre une égale quantité de choses semblables. Le maître du navire rend à l'un des chargeurs sa part prise sur la masse; le navire vient ensuite à périr. Nous pensons, contrairement à l'opinion d'Alfenus (Dig., *Locati conducti*, loi 21), que le maître du navire est tenu des cas fortuits ; mais nous disons, comme ce jurisconsulte, que les chargeurs auxquels il n'a rien été restitué, ne peuvent pas intenter l'action *oneris aversi*.

III. — Les conciliations proposées par Cujas, Pothier, M. de Savigny entre la loi 37, § 6 *De acquirendo rerum dominio,* au Digeste, et la loi 13, *De donationibus,* également au Digeste, ne sont pas admissibles. Ces deux textes sont contradictoires. C'est la loi 13 qui, à notre avis, donne la meilleure solution.

IV. — D'après Africain, (Dig., *De solutionibus,* loi 38, *Proœmium*), la faculté de payer à *l'adjectus solutionis causa* cesse, dès que ce dernier a subi une *capitis deminutio,* soit *maxima,* soit *media,* soit *minima.* Suivant nous, la *maxima* et la *media capitis deminutio* peuvent seules produire ce résultat, et malgré la *minima capitis deminutio* de *l'adjectus,* le paiement serait valablement opéré entre ses mains.

CODE CIVIL.

QUESTIONS TIRÉES DE LA THÈSE.

I. — L'hypothèque générale affecte les biens futurs du débiteur à partir du moment où elle a pris naissance, et non pas seulement à partir de l'acquisition de ces biens.

II. — L'acceptation bénéficiaire d'une succession entraîne de plein droit la séparation des patrimoines au profit des créanciers de la succession. Cette séparation subsiste, lors même que l'héritier bénéficiaire deviendrait ensuite héritier pur et simple.

III. — La séparation des patrimoines ne peut pas être demandée contre l'héritier.

IV. — La séparation des patrimoines ne constitue pas un véritable privilége immobilier.

V. — Les créanciers et les légataires qui ont demandé la séparation des patrimoines peuvent, en cas de paiement imparfait, poursuivre l'héritier sur ses biens, mais seulement après acquittement de ses dettes personnelles.

QUESTIONS PRISES EN DEHORS DE LA THÈSE.

I. — Les rivières et les cours d'eau qui ne sont ni navigables ni flottables appartiennent aux riverains.

II. — La personne interdite peut valablement se marier pendant un intervalle lucide.

III. — L'époux contre lequel la séparation de corps a été prononcée, perd de plein droit les avantages à lui faits par son conjoint, soit par contrat de mariage, soit pendant le mariage.

IV. — L'enfant conçu avant, et né pendant le mariage, naît non pas légitime, mais légitimé.

V. — Les droits sur les choses perdues, dont le maître ne se représente pas, ne sont point réglés par des lois particulières, comme le dit l'art. 717 du Code Civil. Ces choses sont attribuées à l'inventeur, qui en devient propriétaire par prescription, si elles ne sont pas revendiquées dans les 30 ans, à compter du jour où elles ont été trouvées.

VI. — Après 30 ans, à partir du jour où il a eu connaissance de l'ouverture de la succession, l'héritier qui n'a pris aucun parti est héritier pur et simple.

VII. — Le remploi effectué dans les conditions prescrites par l'art. 1435 constitue une véritable *gestion d'affaire ;* si la femme l'accepte, il remonte quant à ses effets au jour même de l'acquisition, dans l'intérêt de la femme et au regard du mari et de ses ayants-cause.

DROIT COMMERCIAL.

I. — Si un navire qui a fait heureusement le voyage d'*aller* périt au *retour*, les gens de l'équipage peuvent prétendre sur le fret acquis du voyage de l'*aller* les loyers qui leur sont dus pour ce voyage ; ils n'ont rien à prétendre pour le voyage de *retour*.

PROCÉDURE CIVILE.

I. — Le juge du possessoire peut consulter les titres pour éclairer sa décision, quand même ces titres, tout en établissant la possession, décideraient une question de propriété.

Dans le cas où le juge du possessoire examine les titres, il a le droit de rechercher leur validité au fond et dans la forme, pour conclure s'il peut les prendre en considération pour juger l'existence ou les caractères de la possession, ou s'il y a lieu de les rejeter.

DROIT ADMINISTRATIF.

I. — Le jugement d'expropriation est translatif de propriété indépendamment de la transcription.

L'art. 17 de la loi de 1841 n'est pas atteint par la disposition de la loi de 1855, qui abroge les art. 834 et 835 du Code de Procédure Civile.

DROIT PÉNAL.

I. — Dans le cas où des faits accessoires viendraient augmenter la culpabilité de l'auteur d'un crime ou d'un délit, l'aggravation de peine qui en résulterait, ne serait applicable au complice, qu'autant que ce dernier aurait su, en prêtant son assistance, que ces faits accessoires devaient accompagner le crime ou le délit.

L'aggravation de peine qui aurait pour motif une qualité personnelle à l'auteur du crime ou du délit, ne devrait pas être appliquée au complice.

DROIT DES GENS.

I. — Un navire, en haute mer, doit être considéré comme une partie du territoire national.

Un navire neutre, en haute mer, est inviolable ; la *visite* opérée sur un vaisseau marchand neutre, en haute mer, est, à notre avis, une violation du territoire neutre.

A. GUILLONNET.

Vu pour l'impression :
Le Doyen,
Ed. BODIN.

Vu :

Le Recteur de l'Académie

MALAGUTI.

TABLE DES MATIÈRES

CHAPITRE SECOND

CHAPITRE TROISIÈME

CHAPITRE QUATRIÈME

CHAPITRE CINQUIÈME

CHAPITRE SIXIÈME

CHAPITRE SEPTIÈME

APPENDICE

CHAPITRE PREMIER

CHAPITRE SECOND

Rennes, Imprimerie BAZOUGE fils et Cie, 15, rue de Viarmes.

Documents manquants (pages, cahiers...)
NF Z 43-120-13

www.ingramcontent.com/pod-product-compliance
Ingram Content Group UK Ltd.
Pitfield, Milton Keynes, MK11 3LW, UK
UKHW022204120726
13694UKWH00002B/393